Eugen Johannes Hermann Kaempfe

Die Lage der industriell tätigen Arbeiterinnen in Deutschland

Eugen Johannes Hermann Kaempfe

Die Lage der industriell tätigen Arbeiterinnen in Deutschland

ISBN/EAN: 9783743326293

Hergestellt in Europa, USA, Kanada, Australien, Japan

Cover: Foto ©Suzi / pixelio.de

Manufactured and distributed by brebook publishing software (www.brebook.com)

Eugen Johannes Hermann Kaempfe

Die Lage der industriell tätigen Arbeiterinnen in Deutschland

Die Lage der industriell thätigen Arbeiterinnen in Deutschland.

Inaugural-Dissertation

zur Erlangung der Doctorwürde

bei der philosophischen Fakultät der Großherzogl. Herzogl. Sächsischen Gesammtuniversität Jena

eingereicht

von

Eugen Johannes Hermann Kaempfe
aus
Wallendorf.

Leipzig 1889.
Druck von A. Th. Engelhardt.

Wie die gesammte sogenannte sociale Frage eine Summe der verschiedensten socialen Probleme ist, deren jedes einzelne einer besonderen Lösung harrt, so setzt sich auch seinerseits der Theil von ihr, den man die Arbeiterinnenfrage nennt, zusammen aus einer Reihe von Mißständen, wirthschaftlicher und sittlicher Natur, welche nur das Eine gemeinsam haben, daß der weibliche Arbeiter von ihnen betroffen wird. Diese Definition weist der Arbeiterinnenfrage zugleich ihre Stellung in der sogen. Frauenfrage an. Sie beschäftigt sich nicht mit den Verhältnissen der Frauen aus den höheren Gesellschaftsschichten, denen durch die Fortschritte der Wirthschaft der Boden einer ihrem Bildungsgrade angemessenen produktiven Thätigkeit zum großen Theile entzogen ist, und welche „eine Erweiterung der Gelegenheiten, bei welchen sich ihre Arbeitskraft wirthschaftlich bethätigen kann, in der Richtung auf Erhöhung der zugänglichen Arbeitsgebiete" suchen (Cohn): Das specifische Objekt der Arbeiterinnenfrage ist vielmehr die wirthschaftliche, rechtliche und sociale Lage der Frau aus dem vierten Stande. Es ist dies die andere Seite der Frauenfrage, diejenige, welche die bestehende Frauenarbeit einschränken will, sei es der Art, sei es dem Maße nach, weil die Folgen dieser Beschäftigungen im Widerspruche stehen mit den Ideen der culturellen Entwickelung: Für die Frauen der Arbeiter, deren Erwerb für die normale Lebenshaltung ihrer Familie nothwendig ist, sowie für die allein auf das Einkommen von ihrer Hände Arbeit angewiesenen unverheiratheten Arbeiterinnen diejenigen Einrichtungen ausfindig zu machen und durchzuführen, welche ihnen bei ihrer Arbeit den sittlichen und culturellen Anforderungen unserer Zeit nachzukommen gestatten, darin besteht die Lösung der Arbeiterinnenfrage.

Ein Blick auf die bestehenden Arbeiterinnenverhältnisse zeigt die Größe und sociale Bedeutung dieses Problems.

Nach der Berufsstatistik des Deutschen Reiches vom 5. Juni 1882 lebten in Deutschland bei einer Gesammtbevölkerungsziffer von 45 222 113 Seelen 23 071 364 (a. a. O. S. 6) weibliche Personen. Diese werden entsprechend der Eintheilung der Personen männlichen Geschlechts unterschieden in Erwerbsthätige, Dienende für häusliche Dienste, Angehörige und berufslose Personen. Die Kategorie der Erwerbsthätigen umfaßt alle diejenigen Personen, deren hauptsächliche Thätigkeit auf den Erwerb gerichtet ist oder doch ihrer Natur nach einen Erwerb mit sich führt, gleichviel in welcher Stellung, ob in der eines Selbständigen oder Gehülfen, eines Familienmitgliedes oder Dienenden ꝛc., dies geschieht. — Die Kategorie der Dienenden für häusliche Dienste begreift alle Personen in dienender

Stellung, welche hauptsächlich in der Hauswirthschaft oder in persönlichen Dienstleistungen thätig sind und im Haushalte ihrer Herrschaft leben, also im Wesentlichen das Hausgesinde. Die landwirthschaftlich und gewerblich Dienenden gehören natürlich zur Kategorie der Erwerbsthätigen. — Die Kategorie der Angehörigen schließt alle diejenigen Personen in sich, welche einer gewöhnlichen Haushaltung als Mitglieder angehören und in der Hauswirthschaft unterhalten werden, ohne selbst überhaupt oder mehr als nebensächlich erwerbend thätig zu sein, noch bei ihrer Haushaltung im Dienste zu stehen, noch selbständig von eigenem Vermögen oder von Unterstützung aus fremden Mitteln zu leben. Sie besteht daher der Hauptsache nach aus Hausfrauen, Kindern und arbeitsunfähigen Familienmitgliedern. — Die vierte Kategorie endlich umfaßt die von eigenem Vermögen oder fremder Unterstützung Lebenden, welche überhaupt nicht oder nur nebensächlich erwerbend thätig sind. Hierzu gehören, abgesehen von Rentnern rc., auch die Insassen von Invaliden-, Versorgungs-, Straf- und Besserungsanstalten, überhaupt alle Anstaltsinsassen.

Von den obengenannten 23 071 364 Personen weiblichen Geschlechts entfallen auf

Kategorie 1 .... 4 259 103
„ 2 .... 1 282 414
„ 3 .... 16 827 722
„ 4 ....   702 125. [1])

Von den in diesen Kategorien aufgeführten weiblichen Personen kommen zunächst unzweifelhaft die sub 2 und 3 aufgeführten für unsere Zwecke überhaupt nicht in Betracht. Die Stellung des Gesindes im Wirthschaftsorganismus ist so eigenthümlicher Art, daß die Gesindefrage nur äußerlich mit der allgemeinen Arbeiterinnenfrage zusammenhängt und einer besonderen Lösung bedarf.

In den unter 3 rubricirten weiblichen Personen haben wir vor allem diejenigen zu suchen, deren wirthschaftliche Thätigkeit sich nicht genügend bethätigen kann und deren Bestrebungen in der Frauenfrage der höheren Stände zum Ausdrucke kommt. Auch die Verhältnisse dieser sind, wie gesagt, für unseren Zweck ohne Belang.

Die Zahl der etwa noch aus der vierten Kategorie als Arbeiterinnen zu qualificirenden Frauen ist, für sich betrachtet, zweifellos so gering, daß ihre Lage allein niemals von irgendwie weittragender Bedeutung für das Wohl der Gesellschaft sein würde.

So bleibt als die Kategorie, unter welcher die Arbeiterinnen zu suchen sind, die der Erwerbsthätigen. Und zwar besteht diese nach Abzug der 142 040 Erwerbsthätigen unter 15 Jahren, deren Verhältnisse außerhalb des Rahmens unseres Themas stehen, ausschließlich aus Arbeiterinnen. Rechnet man zu dieser Ziffer noch die Zahl der in Kategorie 4 mitgeführten Arbeiterinnen und bedenkt man, daß seit jener zu Grunde gelegten Volkszählung sieben Jahre vergangen sind, während deren sich nach anderweitigen lokalen Berichten die Arbeiterinnenzahl der

---
[1]) Nähere Specialisirung s. Anhang, Tab. I.

meisten Industrien in oft sehr bedeutendem Maße gehoben hat, so ist man wohl berechtigt zu der Annahme, daß die Ziffer, mit der wir hier zu rechnen haben, vier und eine viertel Million bedeutend übersteigt. Vier und eine viertel Million, fast ein Zehntel der gesammten Bevölkerung Deutschlands, ein Fünftel der gesammten weiblichen Bevölkerung steht unter Verhältnissen, welche von Tag zu Tag energischer zu einer den Forderungen der Gerechtigkeit, Sittlichkeit und Humanität mehr entsprechenden Lösung drängen.

Diese Verhältnisse sind jedoch nicht einheitlicher Natur. Die Lage der Fabrikarbeiterin zeigt andere wirthschaftliche Mißstände, als die z. B. der in der Landwirthschaft thätigen, und die hier sich zeigenden Mängel sind wieder anders geartet, als die, welche wir bei anderen, z. B. in der Confectionsbranche thätigen finden. Das große allgemeine Problem der Arbeiterinnenfrage stellt sich (wie bereits einleitend bemerkt) bei etwas eingehender Betrachtung dem Auge dar als eine Summe von einander äußerlich vollkommen verschiedenen wirthschaftlichen und socialen Problemen.

Diese Verschiedenheit hat ihren Grund nicht etwa in einer Verschiedenheit der socialen Hauptfactoren. Diese sind vielmehr in allen Problemen die nämlichen. Der Grund für die Mannigfaltigkeit der socialen Mißstände der verschiedenen Berufe und ihrer besonderen Lösung ist vielmehr die Beschäftigungsart und der Grad der Einwirkung dieser Factoren auf dieselbe.

Es zerfällt demnach die allgemeine Arbeiterinnenfrage in folgende fünf von einander gänzlich unabhängige Probleme:
1) die Arbeiterinnenfrage in der Land- und Forstwirthschaft;
2) die Arbeiterinnenfrage in der Industrie, einschließlich Bergbau und Bauwesen;
3) diejenige im Handel und Verkehr, einschließlich in Gast- und Schankwirthschaften;
4) die Lohnarbeiterinnenfrage im engern Sinne, d. h. die Frage der Arbeiterinnen, welche sich mit Lohnarbeit wechselnder Art beschäftigen;
5) die Arbeiterinnenfrage im Staats-, Gemeinde-, Kirchen- ꝛc. Dienste und in den freien Berufsarten.

Jedes dieser socialpolitischen Probleme zeigt andere Uebelstände und andere Zielpunkte der Reform und bedarf daher auch anderer Heilmittel.

Ueber die absolute Zahl der in jeder dieser Berufsarten erwerbsthätigen weiblichen Personen giebt die folgende Zusammenstellung Auskunft.

Am 5. Juni 1882 waren beschäftigt in
1) Landwirthschaft, einschließlich Zucht landwirthschaftlicher Nutzthiere . . . . 2 534 909 ⎫
2) Gewerbe, Bergbau und Bauwesen . . . . 1 126 994 ⎪
3) Handel und Verkehr . . . . 298 110 ⎬ weibl. Personen
4) Lohnarbeit wechselnder Art . . . . . 183 836 ⎪
5) freien Berufen . . . . 115 272 ⎭

(Detaillirtes Verzeichniß der in den einzelnen Berufsarten beschäftigten weiblichen Personen s. Anhang, Tabelle L.)

Mehr als die Hälfte aller Arbeiterinnen ist also in der Landwirthschaft thätig, ein Viertel entfällt auf die Industrie und das letzte Viertel stellt für die übrigen drei Berufsarten zusammen das Contingent. Nach der Ziffer der in einer Berufsart thätigen weiblichen Personen beurtheilt, müßte also der landwirthschaftlichen Arbeiterinnenfrage eigentlich die erste Stelle eingeräumt werden. Allein die Bedeutung der Arbeiterinnenfrage betreffend die im Gewerbe, Bergbau und Bauwesen beschäftigten weiblichen Personen, die wir im Folgenden kurz als „industrielle Arbeiterinnenfrage" bezeichnen werden, überwiegt jene infolge der Intensität und Tragweite der sie verursachenden Mißstände bei weitem.[1)]

Von verhältnißmäßig untergeordneter Bedeutung gegenüber diesen beiden großen socialen Problemen sind die Arbeiterinnenfragen der drei zuletzt aufgeführten Berufsarten, ebensowohl wegen der relativ geringeren Anzahl der von ihnen betroffenen Personen wie bezüglich der Mannigfaltigkeit und socialen Bedeutung der daselbst zu Tage getretenen Mißstände.

Es kann nun nicht in der Absicht des Verfassers liegen, die gesammte Arbeiterinnenfrage zum Gegenstande seiner Untersuchung zu machen. Schon deßhalb nicht, weil die Arbeit den ihr zugedachten Umfang weit überschreiten würde. Seine Absicht ist es nur, im Vorliegenden eine Uebersicht über die Verhältnisse der in Gewerben, Bergbau und Bauwesen beschäftigten weiblichen Arbeiter zu geben, welchen Gegenstand er um so lieber zum Gegenstande seiner Studien gemacht hat, als er in dem Hauptindustriegebiete Thüringens aufgewachsen ist und durch die gewerblichen Beziehungen seiner Umgebung seine diesbezüglichen Erfahrungen hat modificiren und erweitern können. Wenn er daher als Argumente seiner Beweisführung die Mittheilung von Volkswirthschaftsschriftstellern ins Feld führt, so geschieht dies in den wenigsten Fällen auf ihre Autorität hin, sondern weil der Verfasser jene zu Interpreten seiner eigenen Ansicht gemacht hat, wie er sich anderseits auch nicht scheuen wird, gegebenen Ortes seine persönliche Meinung ihnen gegenüber aufrecht zu erhalten.

Fassen wir also die industrielle Arbeiterinnenfrage ins Auge, so ist es unsere erste Aufgabe, uns über ihr Wesen klar zu werden. „Wir pflegen den Ausdruck Frage für jedes Problem anzuwenden, dessen Lösung sich unserer Zeit mit gewisser Nothwendigkeit aufdrängt. Solche Probleme ergeben sich überall da, wo ein bestimmter Widerspruch zu Tage tritt zwischen thatsächlich vorhandenen Zuständen und dem, was Vernunft und Recht fordern, verbunden mit einer bald größeren, bald geringeren Unsicherheit bezüglich der Mittel, ihn zu beseitigen."[2)] Die industrielle Arbeiterfrage ist also das Problem, den Widerspruch aufzuheben zwischen den thatsächlichen Verhältnissen dieser Arbeiterinnen und dem, was die Moral, Humanität, Gerechtigkeit und Sittlichkeit auch für diesen Theil des Volkes fordert. Hieraus ergiebt sich eine dreifache Aufgabe: Einmal klar

---

1) Wie dies auch die Gesetzgebung durch den Erlaß einer Reihe gesetzlicher Bestimmungen zur Hebung der Lage dieser bei einem fast völligen Mangel gesetzlicher Maßregeln zum Schutze landwirthschaftlicher Arbeiterinnen anerkannt hat.

2) Dr. Karl Bücher, Die Arbeiterfrage im Kaufmannsstande.

zu werden über die realen Verhältnisse, unter denen die Arbeiterin leibet. Ferner die Gesichtspunkte und Ziele anzugeben, welche bei den Verbesserungsversuchen zu befolgen sind, und endlich die Mittel zur Erreichung jener Ziele darzulegen.

Die thatsächlichen Verhältnisse, unter denen die industrielle Arbeiterin lebt, setzen sich zusammen aus einer Reihe von Erscheinungen, als deren einflußreichste die Einkommens- und Wohnungsverhältnisse, die Arbeitsart, Arbeitszeit und die Abhängigkeit von fremden Persönlichkeiten anzusehen sind.

Beginnen wir mit der Einzeluntersuchung dieser verschiedenen Erscheinungen, so macht sich sofort eine auffallende und bedauerliche Mangelhaftigkeit unserer volkswirthschaftlichen Fachliteratur schmerzlich bemerkbar. Besonders was statistische Erhebungen anlangt, stehen wir England und besonders Nordamerika bedeutend nach. Abgesehen von der einmaligen Enquete des Reichskanzleramtes über die Frauen- und Kinderarbeit in den Fabriken (Berlin 1876) und mehreren kleinen Enqueten von untergeordneter Bedeutung, findet eine regelmäßige Erhebung über die Verhältnisse der Fabrikarbeiter erst seit nunmehr elf Jahren statt, deren Veröffentlichung als „Amtliche Mittheilungen aus den Jahresberichten der mit der Beaufsichtigung der Fabriken betrauten Beamten" ein werthvolles, aber noch keineswegs genügendes Material darstellt. Alle übrigen Untersuchungen sind privater Natur und, abgesehen von ihrem geringen Umfange, höchst lückenhaft. Wegen des Mangels arbeitsstatistischer Bureaus, wie sie in Nordamerika existiren, kann die Schilderung unserer deutschen Arbeiterverhältnisse niemals die Genauigkeit besitzen, wie sie auf die reports ihrer statistischen Bureaus sich stützenden amerikanischen Darstellungen.

Was hier im Allgemeinen über die uns für unseren Zweck verfügbaren Mittel gesagt ist, gilt in besonders hohem Maße von der Lohnstatistik, welche die Grundlage aller wirthschaftlichen Untersuchungen bilden muß. Noch heute gilt das Wort, mit dem J. Neumann den Mangel einer exacten Lohnstatistik beklagte: „Dürfte es doch einer späteren Zeit kaum glaublich erscheinen, daß in unserer schreibeluftigen Zeit, in der jährlich Hunderte von Heften und Bänden statistischen Inhalts von dem immer enger sich spannenden Netze staatlicher und städtischer Bureaus und Collegien veröffentlicht werden und jeder Gebildete eine Kenntniß von der Bedeutung der Lohnfrage für sich in Anspruch nehmen mag, dem — allerdings schwierigen Gegenstande der Erforschung der Höhe der verschiedenen Arbeitslöhne bisher nur ausnahmsweise Beachtung geschenkt ist. Wie will man einen Ueberblick über die heutige sociale Bewegung, wie ein Urtheil über ihre Berechtigung hier und dort haben, wenn Jedermann — der erste Beamte des Staates, wie der Fabrikant und der Arbeitnehmer — im besten Falle regelmäßig nur die Löhne seiner Umgebung kennt, darüber hinaus vollständig im Dunkeln tappt."[1]) Die seit diesem Klagerufe inzwischen eingeführte Fabrikinspection hat ihr Augenmerk, wie schon ihr Name be-

---

[1]) Neumann, Unsere Kenntniß von den socialen Zuständen um uns. Jena 1872.

sagt, vor allem auf die Kenntnißnahme und Veröffentlichung der Verhältnisse der fabrikmäßig und bergmännisch beschäftigten Arbeiterbevölkerung gerichtet, während Hausindustrie und sonstige nicht unter diese genannten Rubriken fallende gewerbliche Arbeit von ihnen unberücksichtigt gelassen wird und werden muß. Erhebungen socialstatistischer Natur über diese Gebiete erfordern einen zahlreicheren und regelmäßiger functionirenden Apparat als den der Fabrikinspectoren. Hier können nur Arbeiterbureaus eine befriedigende Lösung geben. Die nordamerikanischen, besonders das von Massachusetts, haben durch ihre Thätigkeit das ihnen in dieser Beziehung entgegengebrachte Vertrauen voll gerechtfertigt. Zur Kenntnißnahme der Erwerbs- und Einkommensverhältnisse der deutschen industriellen Arbeiterinnen bieten also auch die Berichte der Fabrikinspectoren wenig Anhalt, um so weniger, als das von ihnen auszufüllende Schema keine eigene Lohnrubrik enthält und ihre diesbezüglichen Angaben sich auf anormale Verhältnisse zu beschränken pflegen. Dieser Mangel statistischer Erhebungen von Staats wegen findet nur zum Theile einen Ersatz in den privaten Untersuchungen einzelner Industriegebiete und den statistischen Erhebungen kleinerer politischer Gemeinwesen. Von ersteren sind von besonderer Bedeutung die Abhandlungen von Sax, Thun, Schnapper-Arndt, Bein, Frankenstein, Herkner und Kärger, die in größter Ausführlichkeit die gesammten wirthschaftlichen und socialen Erscheinungen der von ihnen besprochenen Industrien behandeln und vor allem die Hausindustrien zum Gegenstande ihrer Untersuchungen gemacht haben. Was die lohnstatistischen Erhebungen städtischer Bureaus anlangt, so haben solche regelmäßige und in kürzeren Fristen wiederholte, welche auch die Lohnverhältnisse der Arbeiterinnen in Berücksichtigung gezogen haben, bisher nur in Berlin und Breslau stattgefunden. Ersteres veröffentlicht die diesbezüglichen Ergebnisse in den seit 1881 alljährlich erscheinenden „Ermittelungen über die Lohnverhältnisse in Berlin", während letzteres die Resultate der fortlaufenden Erhebungen seit 1883 in den zum ersten Male im Jahre 1887 publicirten „Beiträgen zur Socialstatistik"[1]) weiteren Kreisen zugänglich gemacht hat. Beide Untersuchungen haben zum Gegenstande fast ausschließlich die Verhältnisse der fabrikmäßig beschäftigten Arbeiterinnen.

Treten wir nun auf Grund des angeführten mangelhaften Materials in die Untersuchung der industriellen Arbeiterinnenverhältnisse ein, so finden wir ebenfalls hier recht wenige wirthschaftliche Erscheinungen dem ganzen Stande gemeinsam. Vielmehr muß die exacte Forschung auch hier von vornherein eine Scheidung vornehmen, und zwar die zwischen fabrikmäßig und hausindustriell Beschäftigten. Die in Berg- und Hüttenwerken Thätigen werden, weil ihre Verhältnisse nur in einigen wenigen Punkten sich von denen der Fabrikarbeiterinnen unterscheiden, im Anschlusse an diese behandelt werden, während der geringe Rest der nicht unter diese Rubriken fallenden industriellen Arbeiterinnen, deren Hauptmasse die in Baugewerben Thätigen darstellt, in ihren wirthschaftlichen und socialen Verhältnissen der Hauptsache nach doch einer dieser beiden Kategorien so nahe stehen, daß

---

1) Heft 1: M. Neefe, Ermittelungen über die Lohnverhältnisse in Breslau.

sie unterschiedslos bei diesen besprochen werden und keiner besonderen Erledigung bedürfen.

Die Besprechung der Fabrikarbeiterinnenverhältnisse wird im Rahmen unserer Untersuchung einen besonders großen Raum einnehmen, einmal aus dem äußeren Grunde, weil für diesen Zweck das Material besonders reichlich zur Verfügung steht, dann aber auch deswegen, weil hier die Wechselbeziehungen der einzelnen Factoren mit besonderer Deutlichkeit hervortreten. Einer ausführlichen Betrachtung sind diese Verhältnisse schon von Frankenstein in seiner Schrift: „Die Lage der Arbeiterinnen in den deutschen Großstädten" [1]) unterworfen worden. Seiner Darstellung, welche bei der Behandlung der Arbeiterinnenverhältnisse der verschiedenen Berufsklassen allerdings nicht unterscheidet zwischen gewerblicher und nichtgewerblicher, geschweige denn zwischen fabrikmäßiger und hausindustrieller Arbeit, vermögen wir uns dennoch um so mehr anzuschließen, als einerseits ebenfalls von uns ein Unterschied zu machen ist zwischen den Verhältnissen der Arbeiterin in den größeren Städten und denen auf dem Lande, resp. in kleinen Städten, andererseits in Wirklichkeit die Arbeiterinnenverhältnisse in der Großstadt in den verschiedensten Berufsarten eine Allgemeinheit der Erscheinungen aufweisen, wie wir sie auf dem Lande vergeblich suchen werden. — Gleichwohl ist in der Stadt die Allgemeinheit der Erscheinungen keine so große, daß sich nicht hie und da ein, wenn auch nur minimaler, Unterschied zwischen fabrikmäßiger und hausindustrieller Thätigkeit zeigte, welche sporadische Erscheinungen in unserer Darstellung natürlich besondere Berücksichtigung erfahren werden.

Die Angaben Frankenstein's sind basirt auf die schon genannten amtlichen statistischen Lohnerhebungen der Städte Berlin und Breslau, sowie auf den vom Reichsamte des Innern hergestellten Enquetebericht „Ergebnisse der Ermittelungen über die Lohnverhältnisse der Arbeiterinnen in der Wäschefabrikation und Confectionsbranche, sowie über den Verkauf oder die Lieferung von Arbeitsmaterial seitens der Arbeitgeber und über die Höhe der dabei berechneten Preise." Das durch sie gebotene Bild der wirthschaftlichen und socialen Lage der großstädtischen industriellen Arbeiterin ist dem Vorwurfe der Uebertreibung um so weniger ausgesetzt, als die amtlichen Untersuchungen fast ausschließlich die Angaben der Arbeitgeber oder der Krankenkassen zur Grundlage haben.

Nach seinen Angaben werden in den Großstädten die höchsten Löhne auch in den die meisten Arbeiterinnen beschäftigenden Erwerbszweigen gezahlt. In Berlin waren nach den Ergebnissen der Berufszählung am 5. Juni 1882 in den Gewerben und in der Industrie thätig 78 769 weibliche Personen (s. Anhang, Tabelle 2). Von diesen bezogen die Arbeiterinnen in der Bekleidungsindustrie die höchsten Löhne, nämlich durchschnittlich 9—11 Mk. Zwar weist keine Statistik darauf hin, allein es sprechen gewichtige Gründe dafür, daß in dieser Lohnklasse die hausindustriellen Arbeiterinnen zu suchen sind. Schon der exceptionell hohe Stand

---

1) Schmoller: Jahrbuch für Gesetzgebung ꝛc., Jahrg. XII., Heft 2, als Sonderabdruck erschienen in Leipzig bei Duncker & Humblot.

der Löhne rechtfertigt diese Annahme, ganz abgesehen von der bekannten Thatsache, daß die Arbeiterinnen besonders der Wäscheconfection und die Accordarbeiterinnen im Confectionsgeschäfte notorisch von jeher hausindustriell thätig gewesen sind und ein eigentlicher fabrikmäßiger Betrieb in dieser Branche noch nicht aufgekommen ist. Weil aber dieser städtische hausindustrielle Betrieb an die Arbeiterin höhere Anforderungen hinsichtlich der Wohnung stellt, als an eine Fabrikarbeiterin, erhöhen sich dadurch ihre Unterhaltungskosten, was wieder zu einer entsprechenden Lohnerhöhung führen muß.[1)]

Aehnliche Löhne erzielten die Arbeiterinnen in der Neusilberfabrikation und in der chemischen Industrie, sowie die Punktirerinnen im Buch- und Kunstdruck. Ihnen zunächst stehen die Wochenlöhne der Arbeiterinnen in der Papier- und Lederindustrie, der Industrie der Nahrungs- und Genußmittel mit durchschnittlich 9—10 Mk., dem Gewerbe der Holz- und Schnitzstoffe und der Glas- und Maschinenindustrie. Der Wochenverdienst einer Arbeiterin in der Textilindustrie, welche mit der Bekleidungsindustrie zusammen weit über zwei Drittel der gesammten weiblichen Arbeiter beschäftigt, stellt sich auf durchschnittlich 8—9 Mk. Erheblich niedrigere Löhne beziehen die Perlarbeiterinnen, die Arbeiterinnen in der Wäsche-, Papier- und Chokoladenfabrikation und in der Knopf- und Galanteriewaarenerzeugung, die sämmtlich sich mit einem Durchschnittswochenverdienste von 6—7 Mk. begnügen müssen. Noch geringer sind die Durchschnittslohnsätze der Näherinnen in der Hutfabrikation (5 Mk.), der Arbeiterinnen in der Fabrikation künstlicher Blumen (4,50 Mk.), der Knoploch- und Cravattenschildernäherinnen (4—5 Mk.) und endlich der Schürzennäherinnen (3—4 Mk.). Die zuletzt aufgeführten kläglichen Löhne sind zwar Zeitlöhne, allein ob durch Ersetzung des Zeitlohnes durch den Stücklohn der Lohnsatz ein höherer wird, ist selbst in den Gewerben, wo ein solcher Ersatz möglich ist, sehr die Frage.

Was die analogen Verhältnisse von Breslau anlangt, so beziehen sich die Lohnangaben für hier nach den Mittheilungen von Neefe vor allem auf die in Fabriken thätigen Arbeiterinnen. Auch hier wurden die höchsten Löhne in der die Mehrzahl der Arbeiterinnen beschäftigenden Bekleidungsindustrie (9—6 Mk.), demnächst in den Nahrungs- und Genußmittelgewerben bezahlt (8—6 Mk.). Die Löhne in der Textilindustrie bewegten sich zwischen 6 und 5 Mk. Innerhalb dieser Gewerbe fanden sich aber auch erheblich geringere Löhne für ungelernte Arbeiterinnen. So bezogen die Drahterinnen und Handnäherinnen in der Strohhutfabrikation 4,50, resp. 3,50 Mk. die Woche, die Packmädchen in der Cigarettenfabrikation 4,50 Mk., während sich die Arbeiterinnen in der Baumwollenspinnerei mit 4,80 Mk. und die Spulerinnen in der Posamentenfabrikation mit 3 Mk. begnügen mußten. Die Löhne differirten also sowohl je nach der Verschiedenheit des Gewerbes als nach der Arbeitsstellung innerhalb desselben Gewerbes. Im Allgemeinen läßt sich nach den Berechnungen von Neefe annehmen, daß die Durchschnittswochenlöhne für das Gros der Arbeiterinnen in Breslau

---

[1)] Bein, Industrie des sächsischen Vogtlandes II, S. 378.

6 Mk. nicht übersteigen, und daß ein bedeutender Bruchtheil der Arbeiterinnen sich mit einem wöchentlichen Verdienste von 3—5 Mk. begnügen muß. (Das Mittel der auf 60 Stunden reducirten durchschnittlichen Löhne berechnete Reefe auf 5,84 Mk., also auf noch nicht ganz 10 Pf. pro Stunde.)[1])

Ein Vergleich der Lohnziffern der Breslauer Arbeiterinnen mit denen ihrer Berliner Genossinnen scheint auf den ersten Blick für Breslau ungünstigere Resultate zu ergeben.[2]) Allein man darf nicht vergessen, daß nicht sowohl die Höhe des Lohnes entscheidet, als seine Kaufkraft bez. derjenigen Consumtionsgegenstände, welche die Arbeiterin zu ihrer Lebenshaltung nöthig hat. Nun ist aber nicht nur Wohnungsaufwand der unteren Volksklassen in Breslau ein um 45 bis 50 Proc. niedrigerer als in Berlin, sondern in der Reichshauptstadt sind auch die Preise der Lebensmittel bedeutend höher als in Breslau.[3]) Die Verhältnisse können also hier wie da im großen Ganzen als gleich angenommen werden. Und das, was in Bezug auf die Arbeiterinnenverhältnisse in Berlin und Breslau gilt, findet im Allgemeinen auch auf die bezüglichen Zustände unserer anderen größeren Städte Anwendung. Nach den auf Veranlassung des Reichstages vorgenommenen Ermittelungen über die Lohnverhältnisse der Arbeiterinnen der Wäschefabrikation und der Confectionsbranche[4]) erzielen in Stettin an Wochenlöhnen:

---

1) S. Reefe, a. a. O. S. 25.

2) Der vergleichbaren Daten, die sich in der vergleichenden Zusammenstellung der Lohnermittelungen in Berlin (Mai 1885) und Breslau (Juli 1885) finden, sind nur wenige. Nach ihnen beträgt die Lohndifferenz zwischen Berliner und Breslauer Arbeiterinnen je nach den Betrieben zwischen +7,5 und 120,0 Proc. S. Reefe, a. a. O. S. 97, 98.

3) Es betrugen die Preise für:

	In Berlin	In Breslau	In Breslau weniger bezw. mehr (+)	
			Mk.	Proc.
Kartoffeln . . . . 100 kg	5,63	5,36	0,27	5
Rindfleisch I. Qualität 1 „	1,28	1,18	0,10	8
„ II. „ 1 „	1,10	1,08	0,02	2
Schweinefleisch . . . 1 „	1,21	1,19	0,02	2
Hammelfleisch . . . 1 „	1,18	1,16	0,02	2
Kalbfleisch . . . . 1 „	1,24	1,12	0,12	11
Butter . . . . . 1 „	2,31	2,37	+0,06	+3
Eier . . . . . . 60 St.	3,20	2,82	0,38	13

Abgesehen von Butter stellen sich also die Lebensmittelpreise in Breslau bedeutend niedriger als in Berlin. Dürfte man von den Getreidepreisen auf die Brotpreise schließen, so würde sich auch hier ein für Breslau günstigeres Resultat ergeben. Die Getreidepreise s. Reefe, a. a. O. S. 45.

4) Nr. 83 der amtlichen Drucksachen: Stenographische Berichte über die Verhandlungen des deutschen Reichstages 7. Legislaturperiode, I. Session 1887, III. Bd., I. Anlageband.

Arbeiterinnen } in der Wäschefabrikation	4,80—7,20 Mk.	
Accordarbeiterinnen	7,20—9,60 „	
Arbeiterinnen im Damenconfectionsgeschäfte	4,50—9,00 „	
Arbeiterinnen im Herrengarderobegeschäfte	3,60—6,00 „	
Arbeiterinnen im Knabengarderobegeschäfte	3,00—3,00 „	

In Posen beträgt der durchschnittliche Wochenlohn für
Accordarbeiterinnen im Confectionsgeschäfte. 9,00 Mk.
Arbeiterinnen im Confectionsgeschäfte... 3,60 „
Wäschenäherinnen .... 3,00 „
dagegen für Accordarbeiterinnen in der Wäschefabrikation bei einer Arbeitszeit „von Tagesanbruch bis Abend 9 oder 10 Uhr in eigener Häuslichkeit" 12—15 Mk. Also beziehen auch hier die Hausindustriellen die
höchsten Löhne. — In Stuttgart verdienen die Näherinnen und Arbeiterinnen in Damenconfectionsgeschäften durchschnittlich 7,56 Mk., Schneide-
rinnen 7,32 Mk. pro Woche. — In der Confectionsbranche in Plauen
stellt sich der Lohn der Arbeiterinnen auf durchschnittlich 6—12 Mk., der
der Plätterinnen auf 12—18 Mk. Sonstige hausindustriell Thätige verdienen 8—12 Mk.[1]) In Fürth beträgt in einem mit 45 Wochen zu ver-
anschlagenden Arbeitsjahr die durchschnittliche Einnahme für weibliche Be-
leger 810, Wischerinnen und Presserinnen (in den Spiegelbelegen) 495 und
Lieferfrauen 450 Mk.[2]) In Mühlhausen verdient eine erwachsene Arbeiterin

in den Spinnereien	....	10,20—12 Mk.
in den Webereien	.....	7,20—12—14,40 „
Hülfsarbeiterinnen	....	8,40—8,80 „
in den Druckereien	....	4,00—7,20 „

im Durchschnitt jährlich 600 Mk. Jedoch ist bei dieser Annahme auf
Zeiten von Arbeitslosigkeit, auf Abzüge wegen Fehlern ꝛc. keine Rücksicht
genommen. Außerdem sind dies Accordlöhne, während sich nach denselben
Angaben die Zeitlöhne um ein Viertel niedriger stellen. Bei Berücksichtigung
dieser Factoren und der besonders hohen Preise für Lebensmittel, Wohnung ꝛc. (a. a. O. S. 312, 313) ergiebt sich auch hier das nämliche Resultat.[3]) In Erfurt schwankt der Wochenlohn einer Stepperin zwischen
6 und 9 Mk., derjenige einer Handnäherin beläuft sich auf durchschnittlich
5 Mk. und sinkt „bei minder tüchtigen Arbeiterinnen bis auf 2½ Mk., vereinzelt auch noch niedriger". In Elberfeld, Bielefeld, Düsseldorf, Barmen,
Gladbach, Frankfurt a. M., Wiesbaden und Köln liegen die Verhältnisse
nicht besser.[4])

Mögen an der Allgemeinheit dieser traurigen Erscheinungen die die
Lohnhöhen der den verschiedensten Erwerbszweigen angehörigen kapitals-

---

1) Bein, S. 425.
2) Schönlank, Die Fürther Quecksilber=Spiegelbelege und ihre Arbeiter. Stuttgart 1888.
3) Hedner, Die oberelsässische Baumwollindustrie. Straßburg 1887. S. 308,
309, 313.
4) Frankenstein, a. a. O. S. 14.

armen Arbeiterinnen nivellirenden und auf den nur denkbar niedrigsten
Satz herabdrückenden Verhältnisse der Großstadt oder andere Factoren die
Schuld tragen, so ist es doch jedenfalls eine Thatsache, daß „trotz mancher
örtlicher Verschiedenheiten und der durch diese beeinflußten wie bedingten
abweichenden Gestaltung der Existenzgrundlagen die gesammte oder durch=
schnittliche Lage wie die Lebenshaltung der Arbeiterin in Berlin oder
Breslau, Hamburg oder Leipzig, Köln oder Königsberg eine ähnliche ist." [1])
Die Bedeutung der im Vorstehenden angegebenen Löhne ergiebt sich
aus einem Vergleiche mit dem Existenzminimun der Arbeiterin. Nach den
Mittheilungen der Breslauer Statistik über die Höhe der Haushaltungs=
ausgaben einer selbständigen Arbeiterin [2]) belaufen sich ihre Ausgaben für
eine Schlafstelle, d. h. ein Zimmer, welches sie mit 1—3 Genossinnen theilt,
auf monatlich 2,50—5,00 Mk., für den Mittagstisch bei Vermietherinnen
20—30 Pf., in den Volksküchen 15—25 Pf. Nach dem von Franken=
stein auf Grund von Durchschnittszahlen aufgestellten wöchentlichen Aus=
gabenbudget einer auf das Einkommen von ihrer Hände Arbeit angewiese=
nen Arbeiterin besteht dasselbe aus folgenden Posten:

1) für Wohnung . . . . 1,00 Mk.
2) für Mittagessen . . . . 1,75 „
3) für Frühstück (Kaffee ꝛc.) }
4) für Abendessen   } . . 2,25 „
5) Beitrag zur Krankenkasse . . . . 0,15 „
6) Kleidung und Beschuhung . . . . .
7) Heizung und Beleuchtung . . . . .
8) Gesundheitspflege . . . .   } 1,85 „
9) verschiedene leibliche und geistige Bedürfnisse
   (Vergnügen ꝛc.) . . . .
                                              —————
                                               6,50 Mk.

Der Lohn der Breslauer Arbeiterin steigt aber nur in den wenigsten
Fällen bis zu dieser Höhe, im Durchschnitte beträgt er nach den angeführ=
ten Berechnungen von Neefe [3]) nur 5,84 Mk., einige Arbeiterinnen ver=
dienen aber noch viel weniger, bis zu kaum 3 Mk. Was geschieht nun
Seitens dieser Beklagenswerthen, um ihren Verdienst bis zur Höhe von
wenigstens 6,50 Mk. zu bringen? Eine Einschränkung der Befriedigung
des Nahrungsbedürfnisses wird wohl oft versucht werden. So berichtet
wenigstens Neefe (nicht der Bericht des Reichsamtes des Innern, wie
Frankenstein irrthümlicherweise angiebt): „Im Sommer leben viele
niedrig gelohnte Arbeiterinnen die ganze Woche von Brot, Wurst, Hering ꝛc.
und essen nur am Sonntag ein ordentlich zubereitetes Gericht." Allein
eine solche Einschränkung kann naturgemäß nur vorübergehender Natur sein,
auch würde sie für manche Lohnklassen zur Befriedigung der übrigen Be=
dürfnisse noch nicht genügen. Bei der Unmöglichkeit aber, die Höhe der
übrigen Posten des Budgets irgend erheblich einzuschränken, bleibt der Ar=

---

1) Frankenstein, a. a. O. S. 7.
2) Neefe, a. a. O. S. 26. — Frankenstein, Die Lage ꝛc., S. 12.
3) S. 25.

beiterin in der Großstadt nur ein Weg zur Erhöhung ihrer Einkünfte offen, die Prostitution.

Jedoch nicht nur infolge der Niedrigkeit ihrer Löhne gestaltet sich in den Großstädten die Lage der industriell beschäftigten Arbeiterin zu einer in sittlicher Hinsicht so beklagenswerthen: Auch was die Befriedigung des für den Menschen nächstdringlichsten Bedürfnisses, des Wohnungsbedürfnisses, anlangt, so muß in der Art derselben ein ferneres Mittel zur Verschlimmerung der im Arbeiterinnenstande herrschenden sittlichen Zustände erblickt werden. Zwar mag eine Anzahl lediger Arbeiterinnen bei ihren Eltern oder Verwandten Wohnung oder wenigstens eine Schlafstätte finden, allein der bei weitem größte Theil ist vom Lande oder aus anderen Städten zugewandert oder hat jedenfalls keinen Anspruch auf Verpflegung durch Andere.[1]) Von ihnen sind nur Wenige durch die Höhe ihres Lohnes in den Stand gesetzt, ein den sanitären Anforderungen einigermaßen entsprechendes Zimmer zu miethen. Nur für die hausindustriell Thätigen dürfen wir dies als Allgemeinerscheinung annehmen, da ja ihre Betriebsart eine eigene Häuslichkeit erfordert und ihre oben nachgewiesenen höheren Löhne dies Bedürfniß zu befriedigen durchschnittlich wohl ermöglichen werden. Allein die Mehrzahl der Uebrigen ist hinsichtlich ihres Wohnungsbedürfnisses angewiesen auf die Benutzung von Schlafstellen. Und gerade das Schlafstellenwesen vernichtet, um von den sanitären Nachtheilen, welche das gehäufte Zusammenwohnen vieler Menschen in engem Raume mit sich bringt, ganz zu schweigen[2]), gewaltsam den letzten sittlichen Halt der Arbeiterin. Trägt schon der Umstand, daß durch das Schlafstellenwesen die Arbeiterinnen keinerlei Anlaß zur Pflege von Ordnung und Sauberkeit in den von ihnen bewohnten Räumen erhalten, nicht zur Erhöhung ihrer sittlichen Ausbildung bei, so wirkt die oft mangelnde Trennung der Geschlechter, sowie das Zusammenwohnen in demselben Raume mit schon prostituirten Frauenzimmern sittlich direct verderbenbringend ein. Die diesbezüglichen Mittheilungen von Hasse[3]) über die Armenverhältnisse in Leipzig gewähren einen höchst betrübenden Einblick in das tiefe Elend, welches sich hier vorfindet. Einige Stellen aus seinen Berichten mögen als Illustration des hier Gesagten dienen: „Wenn irgend thunlich, schränkt man sich bis aufs Aeußerste ein und vermiethet entweder die Küche und eine Kammer oder wenigstens einen Alkoven. Familien von 5—8 Köpfen schlafen dann meist in einem Zimmer, vielleicht nur in zwei Betten. Bestenfalls bettet man 2—3 Kinder auf die Dielen auf einen Strohsack. Familien von 5—6 Köpfen wurden mehrfach in einem nur 6 qm großen Lokale gefunden, welches Wohn- und Schlafzimmer zugleich war." „Die Dichtigkeit des Zusammenlebens wird ganz besonders gesteigert durch die Ueberfüllung der Wohnung mit Schlafleuten." „Das Unwesen der Schlafleute stört häufig die Ehen und ist von schlechtem Einflusse auf die Kinder. Oft

---

1) In Breslau wohnen von den Näherinnen in Fabriken nur 20—25 Proc. bei Eltern oder Verwandten. S. Neese, a. a. O. S. 26.
2) S. darüber Neese, a. a. O. S. 20 ff.
3) Schriften des Vereins für Socialpolitik, Bd. XXXI (Die Wohnungsnoth der ärmeren Klassen in deutschen Großstädten, Bd. II), S. 342—345. Leipzig 1886.

kann man es dem ganzen Gebaren der Kinder einer Familie ansehen, ob sie ihre Wohnung mit Schlafleuten theilt." Geradezu entsetzliche Zustände schildert folgende Stelle: "Ein trübes Bild bot jüngst eine Wohnung am Reukirchhof fünf Treppen hoch: Abends kehrte der Mann angetrunken von der Arbeit zurück, legte sich mit seinen schmutzigen Kleidern hin, wo sich ein Winkel bot, und kümmerte sich nicht um die Seinigen. Die Frau, schwindsüchtig, konnte nichts verdienen und war mit ihren drei schulpflichtigen Kindern auf die Schlafmädchen angewiesen, die Nachts ihre Liebsten mit nach Hause brachten. Alle zusammen, Mutter, Kinder, Schlafmädchen nebst Gesellschaftern, theilten ein Zimmer, in welches des kränklichen Zustandes der Frau halber weder Luft noch Licht eingelassen wurden."

Die nämlichen Verhältnisse finden sich auch in den übrigen Großstädten. So constatirt Berthold (Schriften, a. a. O. S. 206) für Berlin, daß sich "unter 39298 Haushaltungen 15063 oder etwa 38 Proc. befanden, die nur über einen Raum verfügten, in dem sich außer der Familie, eventuell mit Kindern, noch Schlafleute aufhielten; von diesen 15065 Haushaltungen hatten (also in demselben Raume) 607 je 1 Schlafburschen und 1 Schlafmädchen." Aus Breslau berichtet Honigmann: "Im Ganzen waren es im Jahre 1880 etwa 5400 Gewerbegehülfen, welche sich auf 2717 Haushaltungen (der Meister) (5 Proc. sämmtlicher Haushaltungen) vertheilten, so daß also durchschnittlich 2 Gehülfen auf eine solche Haushaltung kamen. Davon enthielten 1391 je 1, 685 je 2, 336 je 3, 153 je 4 und 152 je 5 und mehr, theils männliche und weibliche Gehülfen, theils beide zusammen." Genauere Statistiken über die nicht bei ihrem Arbeitgeber wohnenden Gehülfen fehlen. Aber auch hier dürfen wir nicht fehlgehen mit der Annahme, daß auch die nicht bei dem Arbeitgeber einquartirten Arbeiterinnen denselben Verhältnissen bezüglich ihres Unterkommensbedürfnisses unterliegen, wie ihre Leipziger Genossinnen. Ueber Gladbacher Verhältnisse spricht sich A. Thun (Die Industrie am Niederrhein und ihre Arbeiter. Schmoller, a. a. O. II, 2, S. 173) folgendermaßen aus: "Die Mädchen wollen eben ungebunden sein, sie sehen ihre Freiheit in voller Aufsichtslosigkeit und Zügellosigkeit. Selbst verdienen sie ihr Geld, selbst wollen sie es auch ausgeben; über die wenige freie Zeit wollen sie frei disponiren, sie wollen weder befragt, noch controllirt sein. Daher miethen sie sich in Familien als Schlafgängerinnen ein. Greifen wir einen günstigen Fall heraus: Ein junges Mädchen quartiert sich bei einem als sehr ordentlich bekannten Werkmeister ein, doch schon nach zwei Tagen verläßt sie das Haus, denn sie hatte in einem Zimmer mit dem Ehepaare und der Tochter schlafen müssen, und durch dasselbe gingen die erwachsenen Söhne. In zahlreichen Fällen schlafen die Mädchen mit ganzen Familien zusammen, in anderen haben sie mehr oder minder separirte Stuben. Gerade auf solche haben die lüderlichsten Burschen ihre Hauptaufmerksamkeit gerichtet, bei ihnen wird die Harmonika gespielt, gesungen und Schnaps getrunken, die schändlichsten Unsittlichkeiten begangen und mit dem Messer häufig der Kehraus gemacht. An Tagen, wo die Fabrik feiert, geht dies Treiben schon des Morgens an." ... "Man sei Vormittags um 10 Uhr auf Scenen gestoßen, wo Mädchen halbreifen Knaben in den Armen lagen und so betrunken waren, daß sie den Besucher kaum erkannten. Das laßen die Kostgeber zu, denn sie erblicken in dem Halten junger Leute nur ein Mittel, Geld zu verdienen; ... dazwischen laufen die kleinen Kinder und die allgemeine sittliche Verpestung des Volkes ist die Folge." — Und was von den Arbeiterinnen der Städte Berlin, Breslau, Leipzig und Gladbach gilt, findet seine volle Anwendung auch auf die Arbeiterinnen der übrigen deutschen Großstädte: alle bisher angestellten Untersuchungen bestätigen dieselbe traurige Thatsache.

Unsere Betrachtungen über die Einkommens- und Wohnungsverhältnisse der großstädtischen Arbeiterin ergeben daher ein höchst betrübendes Resultat: Die Mehrzahl der großstädtischen Arbeiterinnen ist durch die Niedrigkeit ihrer Löhne außer Stand gesetzt, ausschließlich durch sie ihr Leben zu erhalten, und zur Ergänzung ihres Einkommens auf die Prostituirung ihres Körpers angewiesen.

Werfen wir einen Blick auf das Land, so tritt uns an Stelle dieser allgemeinen Gleichartigkeit eine große Mannigfaltigkeit entgegen. Leider gilt aber von diesem Gebiete noch viel mehr das, was oben über die Mangelhaftigkeit des zur Verfügung stehenden Materials gesagt worden ist. Lohnstatistische oder sonstige Angaben bezüglich der Fabrikarbeiterinnen finden sich, abgesehen von zwei Aufzeichnungen in den Abhandlungen von Bein, in der gesammten volkswirthschaftlichen Literatur überhaupt nicht, solche über die hausindustriell thätigen nur in beschränktem Umfange. Der Verfasser muß sich in ersterer Beziehung beschränken auf das, was er bisher selbst zu beobachten in der Lage gewesen ist. Seine diesbezüglichen Erfahrungen sind jedoch so einfacher Natur, daß er sich eigentlich scheut, dieselben der Oeffentlichkeit zu übergeben. Nur um die sich sonst unvermeidlich ergebende Lücke auszufüllen, mögen sie hier Platz finden. Junge Industrien in bis dahin lediglich landwirthschaftlichen Gegenden haben stets relativ hohe Löhne, und zwar ebensowohl für Arbeiter, wie für Arbeiterinnen zu zahlen, um dieselben von der gewohnten landwirthschaftlichen Beschäftigung abzuziehen. Nach einer Reihe von Jahren haben sich auf dieser neuen Existenzgrundlage eine große Masse von Eheschließungen vollzogen, und ist eine Bevölkerungszunahme erfolgt, die in ihrer Existenz auf die Fabrikarbeit angewiesen ist. Sind nun keine neuen Industrien hinzugetreten und hat sich die Industrie nicht in verschiedene Unternehmungen gespalten, so werden bald die Löhne sinken, und zwar naturgemäß am ersten die der Arbeiterinnen. Je länger eine Industrie besteht, um so mehr wachsen die Arbeiter in den Traditionen der Fabrikarbeit auf, um so abhängiger werden sie von derselben. Eine Correctur bringt allerdings oft der eigenthümliche oder durch Pacht erlangte Besitz von einem Stückchen Feld oder Gartenland, doch kann derselbe die Allgemeinheit jener Erscheinung nicht hindern. Von Nutzen ist dann dem Arbeiter nur die Entstehung von Concurrenz unter den Unternehmern. Gleiche Wirkung haben günstige Conjuncturen der betreffenden Industrien, während welcher Zeit die Nachfrage nach Arbeitskräften und mit ihr die Löhne steigen. Der Verfasser hat die sämmtlichen hier geschilderten Verhältnisse selbst zu beobachten Gelegenheit gehabt und findet in der großen Mannigfaltigkeit der Erscheinungen den

Hauptgrund für die noch vollkommen ermangelnde Lohnstatistik. Hier wirken eben auf die Lohnhöhe nicht allein die Conjuncturen ein, sondern wegen der verschiedenen Arbeiterverhältnisse innerhalb der einzelnen ländlichen Industrien und wegen der lokalen Trennung der einen von der anderen differenziren die Lohnhöhen der einzelnen Industriegebiete viel bedeutender als diejenigen der größeren Städte. Was speciell die Löhne der weiblichen Arbeiter anlangt, so kommt für ihre Höhe außer den schon genannten Factoren noch der in Betracht, ob der betreffende Industriezweig nothwendig der Frauenarbeit bedarf oder ob die erforderlichen Arbeiten auch von Männern verrichtet werden können. In letzterem Falle stehen natürlich unter sonst gleichen Verhältnissen die Arbeiterinnenlöhne viel niedriger als in dem ersteren. Als praktische Belege für die hier entwickelte Ansicht mögen zwei Fälle erwähnt werden, welche auf den Verfasser großen Eindruck gemacht haben. Der erste Fall betrifft ein gewerbliches Unternehmen in einer bis vor kurzem sonst völlig industrielosen Gegend in der Nähe von Hildburghausen. Beim Beginne des Unternehmens ziemlich hoch stehend, sind wegen mangelnder Concurrenz der Unternehmer die Löhne von Jahr zu Jahr zurückgegangen, und selbst die günstigsten Conjuncturen konnten hier nur wenig ändern, weil das Angebot der Arbeitskräfte selbst in jenen Zeiten vermehrter Nachfrage das Bedürfniß weit überstieg. Da nun aber jenes Etablissement sich mit der Fabrikation von Artikeln befaßt, die weniger Geschicklichkeit und Sorgsamkeit als Ausdauer erfordert, haben die Arbeiterinnenlöhne von jeher daselbst einen so tiefen Stand gezeigt, wie kaum anderswo. Wochenlöhne für Fabrikarbeiterinnen von 2—3 Mk. waren, zumal in der letzten Zeit, daselbst nichts Seltenes. — Ein vollkommen anderes Gepräge tragen die Arbeiterinnenverhältnisse der industriereichen Gegend westlich des meiningenschen Landstädtchens Gräfenthal. Hier, an dem Hauptsitze der Porzellan- und Glasindustrie Thüringens, besitzt fast jede der einander nahe liegenden Ortschaften ein größeres Unternehmen aus dieser oder jener Branche, manche sogar deren mehrere. Die einfache Folge hiervon war der continuirlich hohe Stand der Arbeiterlöhne, welche Erscheinung noch erhöht wurde dadurch, daß die Bodenbesitzer keine Baustellen abgaben in der Hoffnung, daß der seit länger als 20 Jahren schon erwartete Bahnbau den Werth ihrer Grundstücke noch erhöhen würde. Hierdurch wurden die Wohnungen unverhältnißmäßig vertheuert, was seinerseits, weil es die Gründung eines neuen Hausstandes dem Arbeiter erschwerte, eine Verminderung der Eheschließungen und außerdem einen Mangel an Zuzug von auswärts im Gefolge hatte. Andererseits sind in der Porzellanfabrikation seit einer Reihe von Jahren, seitdem die künstlerische Nachbildung von Blumen in diesem Gewerbszweige Aufnahme gefunden hat, die Arbeiterinnen für diese, große Sorgfalt und Geschicklichkeit erfordernde Arbeit sehr gesucht und daher theuer bezahlt. Bei dem Aufkommen dieser Mode waren Tagelöhne von 1,50—2 Mk. für besonders geschickte Blumenmacherinnen keine Seltenheit, und auch jetzt, wo diese Mode schon lange im Rückgange begriffen ist, beziehen diese Fabrikarbeiterinnen Löhne, die denen der gewöhnlichen in diesem Gewerbe beschäftigten Arbeiter oft gleich stehen. — Diese beiden Fälle mögen die Extreme, in denen sich die Löhne der Fabrikarbeiterinnen auf dem Lande bewegen, andeuten. Innerhalb dieser weiten Grenzen sind sie in den verschiedenen Industriebezirken verschieden je nach der Art und Bedeutung der daselbst vorwaltenden Factoren. Einen weiteren Beleg liefern die Angaben von Bein über die Lohnhöhe der Arbeiterinnen in den verschiedenen Branchen der Flachsverarbeitung im sächsischen Vogtlande. Nach seinen Berichten verdienen (gegenüber dem Lohne eines Mannes in derselben Arbeitsbranche von 10—12 Mk.) Vorarbeiterinnen 6—6,50 Mk., Zwirnerinnen 7—7,50 Mk. (Bein, II, S. 340), Spulerinnen 5—6 Mk., Zettlerinnen dagegen wegen der von ihnen verlangten minutiösen Arbeit, die alle männliche Concurrenz ausschließt, 10—12 Mk. (Bein, II, S. 391). Auch die Bedeutung der günstigen Conjuncturen für die Lohnhöhe ist, wie das zuerst angeführte Beispiel zeigt, von dem Verhältnisse dieser Factoren abhängig und darf nicht überschätzt werden. Gleichwohl sind Fälle wie der erstere, wo wegen der an wirthschaftlicher Bedeutung einem natürlichen Monopol fast gleichkommenden Erscheinung der in einer Hand vereinigten Arbeitgebermacht die Fabrikarbeiterlöhne eine stetig fallende Tendenz zeigen, zu den Ausnahmen zu zählen. In der Regel wird durch die sich bald einstellende Concurrenz der Unternehmer dem Sinken der Löhne ein Damm entgegengesetzt werden.

Was hier von den Einkommens- und Wohnungsverhältnissen der ländlichen Fabrikarbeiterin gesagt ist, gilt ausnahmslos auch betreffs der in Bergwerken beschäftigten Frauen. Nur mit der Eigenthümlichkeit, daß hier auch in industriereichen Gegenden die Löhne niedrig stehen wegen der Beschaffenheit der hier verlangten Arbeit.

Auch über die Wohnungsverhältnisse der ländlichen Fabrikarbeiterinnen finden sich in der Literatur keinerlei Angaben. Und doch stellt sich diesem Studium bei weitem nicht der oft rasche Wechsel der Erscheinungen entgegen, wie wir ihn bei den Einkommensverhältnissen gefunden haben. Im Gegentheile. Wenn irgendwo, so läßt sich hier eine Allgemeinheit der Erscheinung constatiren, und zwar läßt es sich in den Worten zusammenfassen: die Arbeiterin, welche im Fabrikorte oder in dessen nächster Nähe ihren Familienstand hat, wohnt eben in ihrer Familie. Hat sie ihn entfernter gelegen, so bringt sie die Nächte in Quartieren innerhalb des Fabrikortes zu und besucht nur 1—2mal die Woche ihren Heimathsort, um sich mit einem Vorrathe von Lebensmitteln zu versehen.

Der erstere Fall besitzt für unseren Zweck Bedeutung nur in sanitärer Hinsicht. Da jedoch die hier zu schildernden Verhältnisse nahe verbunden sind denen der hausindustriell thätigen Familien, werden sie bei Gelegenheit deren Klarlegung ihre Erörterung finden. An dieser Stelle kommt daher für uns nur der zweite Fall in Betracht, die Unterkunftsgelegenheit der entfernter wohnenden Arbeiterinnen. Da ist zunächst festzuhalten, daß es im eigenen Interesse des Fabrikherrn liegt, seinen Arbeiterinnen angemessene Unterkunft für die Nacht zu geben. Das geringere Arbeitsangebot auf dem Lande und in den kleinen Städten macht den Arbeitgeber zur Fürsorge für seine Arbeiter geneigter.[1] Fälle, wo die Arbei-

---

[1] Schnapper-Arndt: Fünf Dorfgemeinden auf dem hohen Taunus. — Schmoller: Staats- und socialwissenschaftliche Forschungen, IV, 2, S. 103.

terinnen für ihr Unterkunftsbedürfniß auf die Arbeitsräume angewiesen sind, wie dies A. Thun berichtet, werden wohl zu den größten Ausnahmen zu zählen sein.¹) In der Regel hat der Arbeitgeber für diese Klasse seiner Untergebenen durch, wenn auch oft primitiv, so doch vollkommen genügend ausgestattete Räumlichkeiten in der Nähe der Fabrik Fürsorge getragen; dies besonders dann, wenn es den Arbeiterinnen wegen ihrer zu großen Anzahl oder aus sonstigen Gründen nicht möglich ist, bei den Familien des Fabrikortes Unterkunft zu finden. Denn auch dies Schlafstellenwesen ist, wenn auch nur in bescheidenem Umfange, auf dem Lande verbreitet. Freilich ohne die Schattenseiten, die es in der Großstadt zeigt. Die Steigerung und das Raffinement der Lebensbedürfnisse, welche im Vereine mit den unglücklichen socialen Verhältnissen der Arbeiterinnen die Hauptursache für die Prostitution in der Großstadt bilden, fallen auf dem Lande wohl ganz fort, und wo kein Verführender ist, da giebt es auch keine Verführten. Der allgemein verbreitete außereheliche geschlechtliche Verkehr in dieser Klasse darf nicht als Gegenbeweis dieser Darstellung aufgefaßt werden. Derselbe ist nicht Gegenstand des Vermögenserwerbes, sondern er wird in der naiven Anschauungsweise der Arbeiterin vom Lande als eine intimere Verkehrsform angesehen, durch welche sich die beiden Persönlichkeiten näher kennen lernen wollen, und welche eventuell später zur Ehe führt.²) In allen übrigen Fällen erklärt er sich durch die Beschäftigung. Er zeigt aber nie das Kriterium der Prostitution, den Charakter als Erwerbsart.

Dürfen wir daher auch wohl die Wohnungsverhältnisse der ländlichen Arbeiterinnen als im Durchschnitte nicht ungünstig bezeichnen, insofern sie nicht als direct der Sittlichkeit Schaden bringend sich erweisen, so gilt diese Wahrheit doch nur im Allgemeinen, und Ausnahmen, die durch das Hinzutreten des einen oder anderen lokalen Factors herbeigeführt sind, sind nicht selten. Von besonderer Bedeutung ist die Frage, ob die Arbeiterin von der Fabrik bis zu ihrem Unterkunftsorte einen längeren Weg zurückzulegen hat, welcher Umstand wohl allgemein als direct schädlich angesehen werden muß.³)

Aehnliche Erscheinungen bieten die Verhältnisse der Hausindustrie, nur daß hier die die Lohnhöhe ungünstig beeinflussenden Factoren um einen bedeutsamen Factor vermehrt erscheinen. Eine Schilderung der Entstehung der Hausindustrie um Sonneberg, die aber auch als typisch für jede Haus-

---

1) Lagen die Spinnmühlen und Fabriken, wie z. B. an den Wassergefällen der Wupper bei Lennep, oft stundenweit von menschlichen Wohnorten entfernt, wer wollte dann bei Schnee und Kälte, Regen und Wind nach Hause? Es scharrten sich die Arbeiter die Flocken und Abfälle zusammen in die Ecken; dort hatten sie es wärmer und weicher als auf dem harten Lager daheim, die Lichter wurden ausgelöscht und in den stauberfüllten verpesteten Sälen begann nicht der Friede des Schlummers, nein, die entsetzlichsten Orgien, bei deren wilder Lust die Kinder die Zuschauer abgaben. A. Thun, Die Industrie am Niederrhein und ihre Arbeiter. Schmoller, a. a. O. II, 2, S. 174.
2) Thun, a. a. O. I, S. 152.
3) A. Thun, a. a. O. S. 174.

industrie gelten kann, wird uns hierüber Aufschluß geben.¹) „Sobald in einem Dorfe die (Haus-) Industrie Eingang gefunden, verbreitete sie sich anfangs unmerklich, aber mit der größeren Vertraulichkeit der Bevölkerung und geschwellt von günstiger Conjunctur, gewinnt sie immer mehr an Boden, wird immer ausschließlicher zum Hauptgewerbe im Orte, bis zuletzt das Ackerdorf verschwunden und ein Industriedorf entstanden ist. ... Dieses Zurückweichen der Landwirthschaft hat seine lokalen und hat allgemeine Ursachen. Lokale Ursachen sind der geringe Umfang und die Unergiebigkeit der meisten Ortsfluren. ... Allgemeinere Gründe sind die stärkere Zunahmetendenz einer industriellen Bevölkerung und ihre allmälige physische Deroutirung. Der Hausindustrielle, den ganzen Tag und bis spät in die Nacht in der heißen, verpesteten Arbeitsstube hockend, bei einer Arbeit, welche nicht müde macht, sondern erschlafft, den Bauch gefüllt mit Kartoffelmassen, und nachts in enger Kammer in ein noch engeres Bett gepfercht mit seinem Weibe — in der That, man braucht das Bild nicht weiter auszuführen. Hingegen der Bauersmann rackert sich ab in freier Luft bei gesunder Bewegung, er kommt mit zerschlagenen Knochen heim und schläft wie jemand, der schwer gearbeitet hat und morgen wieder schwer arbeiten wird. Auch weiß der Bauer ganz genau, wie groß seine Parzelle ist und wie viele darauf leben können, während der Industrielle erwarten darf, daß seine Kinder dasselbe Muskelkapital über kurz oder lang besitzen werden, wie er selbst. Die größere Kinderzahl beim hausindustriellen Bauersmann führt dann zu größerer Zersplitterung des Grundbesitzes und verstärkt so für jeden einzelnen Nachkommen die Tendenz, den Industriebetrieb zum Hauptgewerbe zu machen. Dazu kommt der höhere, man möchte sagen acutere Verdienst bei günstiger Geschäftsconjunctur, während der agrikole Gewinn sich niemals wesentlich hebt ... Es dauert aber gar nicht lange und der entnervte Hausindustrielle ist physisch nicht mehr im Stande, die robuste Landarbeit zu verrichten, hat auch seitdem die „leichte" Arbeit in der Stube lieb gewonnen und mag sein Lebelang von Schnitzbank, Farbentopf und Formen nicht mehr lassen. Diese Leute sind es, deren Mitbewerb dem städtischen Arbeiter so gefährlich wird. Ihre Bedürfnisse sind geringer und wohlfeiler zu befriedigen, sie haben immerhin öfter als die Städter ihr kleines Besitzthum und arbeiten in der Industrie bisweilen nur, um baares Geld in das Haus zu bekommen für die Steuern und den Tabak. Darum, und weil ihnen jede Calculation fremd ist, nehmen sie vorkommenden Falles selbst mit wahren Hungerlöhnen fürlieb und arbeiten zeitweilig auch ganz umsonst. So versicherte mir ein Kaufmann, er habe wiederholt Trommelschlägel billiger gekauft, als um den Holzpreis, die Leute seien bei solcher Conjunctur auf den Holzdiebstahl angewiesen &c." Wie hier geschildert, entstand wohl (mit einer später zu besprechenden Ausnahme) jede Hausindustrie. Dieser sind dann in dem Stadium der Entwickelung, wann die wirthschaftliche Hauptthätigkeit der betreffenden Gegend schon den industriellen (nicht mehr landwirthschaftlichen) Charakter trägt, zwei Momente

---
1) Ern. Say, Die Hausindustrie in Thüringen. I. Theil: Das Meininger Oberland. Conrad's Jahrbücher II, VII, S. 48.

eigenthümlich, durch deren Hervortreten sich die hausindustrielle von der fabrikmäßigen Arbeit zu ihren Ungunsten unterscheidet, einmal die ausnahmslose Gebundenheit an die Scholle und zweitens eine beispiellose Niedrigkeit der Löhne. Beide Erscheinungen finden ihre Ursache in dem Grundbesitze des Hausindustriellen. Der ländliche Fabrikarbeiter hat nach den Berichten aller diesbezüglichen Untersuchungen keine Neigung, sich Immobiliareigenthum zu verschaffen. Um günstigere Conjuncturen in der Arbeiternachfrage auf dem Weltmarkte für sich ausnutzen zu können, zieht er die Pacht dem Eigenthume bei weitem vor und setzt etwa durch Erbschaft auf ihn gekommenes Grundeigenthum gern in Geld um, was ihm um so leichter gelingt, als in Fabrikorten sich doch ausnahmslos einige Bauernfamilien erhalten, die jene niebrig angebotenen Grundstücke nicht ungern an sich bringen. In hausindustriellen Orten dagegen, wo dieser scharfe Contrast zwischen industrieller und landwirthschaftlicher Arbeit nicht besteht, giebt es wohl keine Familie, die nicht, wenn auch zuerst nur als wenig betonte Nebenbeschäftigung, sich auch mit industrieller Production befaßte. Mit der Erbvertheilung in natura wird dann, wie Sax ausführt, die Hausindustrie immer mehr Hauptbeschäftigung, kann sich aber von der landwirthschaftlichen Thätigkeit nicht befreien, weil Grund und Boden in solcher Gegend gewöhnlich wenig begehrt wird und andererseits der Hausindustrielle ihn auch schwer entbehren kann. Denn, und hier kommt der zweite bedeutsame Unterschied zwischen fabrikmäßiger und hausindustrieller Arbeit in Betracht, der ländliche Hausindustrielle ist zur Erhaltung seines Lebens auf die Erzeugnisse seiner paar Quadratruthen Ackerland oder Wiese angewiesen. Zwar ist seine Lebenshaltung eine für gewöhnlich sehr niedrige. Sie geht nicht über die roheste und primitivste Befriedigung der dringendsten Lebensbedürfnisse hinaus und läßt keinerlei culturellen Fortschritt erkennen. Allein selbst dies Existenzminimum wird in der Hausindustrie durch die Höhe der Löhne gewöhnlich nur dann erreicht, wenn der Arbeiter sich und seine Familie von den auf dem eigenen Felde gebauten Kartoffeln sättigen kann. Der Grund und Boden hindert also einmal den Arbeiter, sich anderwärts nach günstigerer Arbeitsgelegenheit umzusehen. Zweitens nöthigt er den selbständigen Hausindustriellen, der nicht selbst zu Hause und auf dem Felde thätig sein kann, zur Eingehung einer Ehe und trägt so zur Vermehrung der Arbeiterbevölkerung bei. Endlich drittens verschafft er dem Arbeiter noch neben seinem Lohne ein Einkommen, jedoch nur mit dem Erfolge, daß nun infolge der zügellosen Concurrenz unter den Hausindustriellen der Lohn noch um den Betrag dieses Besitzeinkommens herabsinkt[1]), so daß der Arbeiter nun, wenn er überhaupt sein Leben fristen will, nicht nur mit aller Anstrengung von Früh bis spät Abends angestrengt industriell zu arbeiten hat, sondern auch zur Bestellung seines Landes die Kräfte von Weib und Kind in Anspruch nehmen muß. Die Thätigkeit dieser letzteren ist hiermit aber keineswegs erschöpft. Die Eigenthümlichkeit der hausindustriellen Arbeit, die nur in seltenen Fällen Kraft erfordert, gestattet vielmehr auch den weiblichen und den noch im Kindes-

---
1) Vgl. die Wirkungen der allowance in England.

alter stehenden Personen die Theilnahme an der Production, und die schon erwähnte Arbeiterconcurrenz mit ihren niedrigen Löhnen sorgt schon für die Beschäftigung dieser arbeitsfähigen Hände, so daß selbst die schwere Feldarbeit als eine Erholung angesehen wird.[1]) Die wirkliche Lohnhöhe solcher hausindustrieller Frauenarbeit ist bei dem Mangel jeglicher Calculation der Hausindustriellen schwer festzustellen. In der gesammten Literatur finden sich, abgesehen von einigen abschweifenden Ausführungen einiger Fabrikdirectoren, nur folgende wenige Angaben, die ausnahmslos die ihnen zu Grunde liegenden, unserer Schilderung entsprechenden Verhältnisse erkennen lassen und wohl einen Schluß auf die Allgemeinheit dieser Erscheinung in allen hausindustriellen Gebieten Deutschlands gestatten.

Nach den Berichten von Schnapper-Arndt[2]) betrug der Tagesverdienst einer Filetarbeiterin in den Feldbergdörfern des hohen Taunus im Durchschnitte 50—53 Pf. Trotz dieses niedrigen Standes wurde die Arbeit aber beibehalten. Denn eine vortheilhaftere Arbeitsverwerthung ließ sich nicht finden, die Familie aber war in der Befriedigung ihrer Lebensbedürfnisse auf den Erlös aus den Arbeiten ihrer weiblichen Mitglieder angewiesen, da das Nagelschmiedehandwerk der männlichen Mitglieder zu diesem Zwecke nicht mehr genügendes Einkommen abwarf. — Auch im Inspectionsbezirke Dresden sind „die Erwerbsverhältnisse der Arbeiterinnen bei der Fabrikarbeit entschieden günstiger als bei jeder andern, hierbei in Frage kommenden Beschäftigung. In Gegenden, in denen wenig Industrie anzutreffen ist, wie im Gebirge, ist der Verdienst der Arbeiterinnen, welche mit Klöppeln, Gorlnähen oder Strohflechten beschäftigt sind, ein äußerst geringer (30—50 Pf. pro Tag zu 13—14 Stunden), so daß der Eindruck einer solchen Bevölkerung ein trauriger ist."[3]) Von den mit dem Frisiren von Puppen beschäftigten Mädchen berichtet Sax[4]): „Diese armen Dinger arbeiten zu den unglaublichsten Löhnen. Für die Elle einfacher Tresse (aus Mohair, zu Puppenfrisuren) zahlt die Factorin — nach ihrer eigenen Angabe — 3 Pf., davon macht ein geschicktes Mädchen in 12 Stunden (von 6—7 Uhr mit einstündiger Mittagspause) 20 Ellen, für die Scheiteltresse 20 Pf., davon werden 3 Ellen fertig, so daß der Lohn nicht über 60 Pf. geht — immer nach der Angabe der Factorin. Selbst die Fertigmacherinnen, welche die Frisur aufsetzen und anordnen, und die Geschmack und Gewandtheit besitzen müssen, bringen es die Woche höchstens auf 4,50 Mk."

---

1) Eine Ausnahme von den hier geschilderten Verhältnissen machen in ganz Deutschland, soweit bekannt, nur zwei hausindustrielle Gegenden, die zu Klingenthal in Sachsen und die zu Bürgel. Diese haben durch eine uralte Innungs-, resp. Zunftverfassung eine proletarische Arbeiterbevölkerung überhaupt nicht aufkommen lassen. Und da sie außerdem nicht mit auswärtiger Concurrenz zu kämpfen haben infolge der Eigenthümlichkeiten ihrer Production, finden sich hier weit günstigere Verhältnisse als in den übrigen Hausindustrien. Näheres f. Bein: „Die Industrie des sächsischen Vogtlandes," Leipzig, Duncker & Humblot, I. Thl., und E. Sax, Die Hausindustrie in Thüringen, III. Thl., S. 95 ff.
2) Fünf Dorfgemeinden auf dem hohen Taunus. Eine socialstatistische Untersuchung x. von Gottlieb Schnapper-Arndt, Schmoller, Staats- und socialwissenschaftliche Forschungen, Bd. IV, 2, S. 86.
3) Jahresberichte der kgl. sächs. Gewerbe- und Berginspectoren für 1886, S. 65.
4) Sax, a. a. O. S. 40.

Bezüglich der Korbwaareninduſtrie berichtet Derſelbe[1]): „Hier kann ein einzelner Arbeiter für ſich überhaupt nicht beſtehen, ſondern die Arbeit muß Hand in Hand gehen, und es müſſen Familien ꝛc. zuſammen arbeiten. Der Nettoertrag kann ſich hierbei per Kopf und Tag auf höchſtens 40 Pf. ſtellen, iſt aber unter Umſtänden noch niedriger, ſo daß gerade die Haupt=maſſe der Bevölkerung in keineswegs günſtigen Erwerbsverhältniſſen lebt."

In der Sonneberger Spielwaarenfabrikation verdient[2]):

ein Boſſirer bei Unterſtützung von Frau
und Kind pro Woche . . . . . 12—15 Mk.
ein Drücker (Theilarbeiter) . . . . . 7—9 „
eine Puppenfriſurarbeiterin . . . . . 3,50—4,50 „
ein Schiefertafelmacher mit Frau und Kind 6 „
ein Schachtelmacher mit Frau und Kind 3 „

Dieſe Löhne, beſonders die zuletzt genannten, bedürfen keiner weiteren Commentirung. Sie allein erzählen deutlich genug von dem Elende, das ſich in dieſen Volkskreiſen findet, zumal, wenn man bedenkt, daß bei dem größten Theile der Hausinduſtrie die Arbeit nicht immer ausreicht, vielmehr öfters längere Zeiten eintreten, während welcher nur wenig oder gar keine Arbeit zu haben iſt.[3]) — Welche Quote dieſer Löhne als Verdienſt der Frauen anzuſehen iſt, iſt für dieſe Fälle von keiner Bedeutung und auch höchſt ſchwierig. Denn in den öfteſten Fällen iſt, wie geſagt, die fertige Waare das gemeinſame Product der Arbeit des Mannes und ſeiner An=gehörigen und der Erlös wird ebenſo gemeinſam im Dienſte der Familie verwandt. Eine Ausnahme tritt nur in dem ſeltenen Falle ein, wo die Beſchaffenheit der von den Männern betriebenen Hausinduſtrie die Bethei=ligung der Frau ausſchließt, wie die Nagelſchmiedeinduſtrie im hohen Taunus. Aber ſchon wegen des Mangels jeglicher Buchführung iſt der Schluß berechtigt, daß wohl auch hier die Einnahmen der weiblichen Mit=glieder in die Familienkaſſe fließen. Um die Einkommensverhältniſſe der hausinduſtriellen Arbeiterinnen auf dem Lande kennen zu lernen und um von dieſen auf deren allgemeine wirthſchaftliche und ſociale Lage ſchließen zu können, dafür geben alſo wohl die Einkommensverhältniſſe der ganzen Arbeiterfamilie den beſten Anhalt. Dies um ſo mehr, als ſelbſtändige, hausinduſtriell thätige Arbeiterinnen auf dem Lande im Gegenſatze zur Großſtadt recht ſelten ſein werden. Für dieſen Fall aber liefern die oben aus dem Berichte von Sax angeführten Verdienſte recht betrübende An=gaben. Gleichwohl zeigen ſich aus ſpäter näher zu beſprechenden Gründen ſelbſt in Arbeiterklaſſen mit den niedrigſten Löhnen keinerlei unſittliche Folgen. Und die Niedrigkeit derſelben iſt nur inſofern zu beklagen, als durch ſie der Arbeiter zu höherem Lebensgenuſſe emporzuſteigen verhin=dert iſt.

Dieſen Lohnverhältniſſen entſprechen auch die Wohnungsverhältniſſe in den hausinduſtriellen Gebieten, ſowohl was die Niedrigkeit derſelben als

---

1) Sax, a. a. O. II. Thl., S. 50.
2) Sax, I. Thl., S. 51, 40, 95, 65.
3) Vgl. die Jahresberichte der kgl. ſächſ. Gewerbe= und Berginſpectoren 1885, S. 50.

was ihre Folgen angeht. Auch hier muß die allgemeine Schilderung der hausindustriellen Verhältnisse uns ein Bild von der bezüglichen Lage des weiblichen Theils der Arbeiterbevölkerung geben. Es kommen hier vor allem die sanitären Verhältnisse in Betracht. Diese unterscheiden sich aber im Großen und Ganzen nur durch die specifischen Eigenthümlichkeiten der einzelnen Hausindustrie von den Wohnungsverhältnissen der arbeitenden Klasse auf dem Lande im Allgemeinen. Da diese Eigenthümlichkeiten aber später, bei Besprechung des Einflusses der Arbeitsart, ihre Erledigung finden werden, gelten folgende Ausführungen nicht minder für die Verhältnisse der fabrikmäßig thätigen, wie für die der hausindustriell beschäftigten Arbeiterfamilien. Die verhältnißmäßig günstigsten Verhältnisse finden sich nach der Schilderung von Bein[1]) in dem vor allem von Fabrikarbeiterbevölkerung bewohnten Marktneukirchen und den übrigen zahlreichen Dorfschaften des Klingenthaler Kirchspiels. In ersterem Städtchen kommen im Jahre 1880 auf 449 Gebäude 1057 Haushaltungen = 2,35 Haushaltungen pro Haus. Der enge Zusammenhang dieser Thatsache mit den oben schon erwähnten günstigen Erwerbsverhältnissen ist nicht zu verkennen. Dagegen bezüglich der Wohnungsverhältnisse der übrigen ländlichen Industrien Deutschlands, soweit sie in der Literatur Berücksichtigung gefunden haben, ergiebt sich ein vollkommen anderes Resultat. Nur nach dem Grade, in welchem die Wohnungen den sanitären Anforderungen widersprechen, unterscheiden sich die verschiedenen Industriegebiete von einander und die Differenz der Erscheinungen ist nicht bedeutend. Die verhältnißmäßig günstigste Darstellung giebt Frankenstein[2]) bezüglich der Wohnungsverhältnisse der Kleinfeuerarbeiter in der Schmalkalder Gegend. Die allgemeine Schilderung des Industriedorfes, die er zugleich giebt, möge, weil sie auf alle deutschen ländlichen Industriebezirke paßt, zugleich mit hier ihre Stelle finden. „Die Ortschaften, in denen diese Kleinfeuerarbeiter wohnen, sind meist langgestreckt und unregelmäßiger Bauart, aber mit reinlich gehaltenen Straßen und mit Häusern, die sich selten berühren, vielmehr regelmäßig durch kleine Gärten oder Hofräume von einander getrennt sind. Die Bauart dieser Häuser zeigt viel Gleichartiges; sie haben in Brotterode und Seligenthal fast allgemein mehrere Stockwerke, sind in Asbach theils ein-, theils mehrstöckig und in Steinbach - Hallenberg und dem Steinbacher Grunde vorwiegend einstöckig, indessen so gebaut, daß die Wohnräume auf einem etwa 2 m hohen Unterbaue ruhen, der als Keller und Stall Verwendung findet." — Bis hierher dürfte diese Schilderung wohl auf die meisten ländlichen Fabrikorte in gebirgiger Gegend und auf einen nicht geringen Theil der in der Ebene gelegenen passen. Den Schmalkalder Verhältnissen specifisch eigenthümlich dagegen sind seine weiteren Ausführungen: (In den Zimmern fällt vor allem) „die große Reinlichkeit auf, die wohl nicht mit Unrecht als eine Haupttugend des Bewohners der Schmalkaldener Berge gepriesen wird. Allerdings macht sich in solchen Stübchen nicht

---

1) Bein, a. a. O. S. 79.
2) Bevölkerung und Hausindustrie im Kreise Schmalkalden seit Anfang dieses Jahrhunderts. Beiträge zur Geschichte der Bevölkerung in Deutschland, herausgegeben von Fr. J. Neumann, Tübingen, II. Bd., S. 112.

selten ein Raummangel empfindlich bemerkbar; denn die Höhe der Wohn=
zimmer beträgt (in unserem besonders herangezogenen Falle) z. B. nur
2,25 m, die Breite etwa 3,25 m und die Länge ca. 4 m, was einen Kubik=
inhalt von 29,25 cbm ergiebt. Und eine solche Ausdehnung dürfte auch
als Regel anzusehen sein. Ja, es giebt manche Wohnungen, in welchen
sich diese Dinge noch ungünstiger gestalten. Als Schlafzimmer wird die
Wohnstube nur in Erkrankungsfällen benutzt, doch fehlt es an Ventilation.
Die Fenster sind sogen. Schiebfenster und können, wie es ja in Gebirgs=
und Küstenländern nicht selten ist, nur auf der einen Seite des Fenster=
pfostens geöffnet werden. Auch wird bei dem Mangel einer Küche im
Winter wie im Sommer in jenem Ofen gekocht, überdies die schmutzige
Wäsche in der Stube gewaschen und getrocknet, und alles das macht die
Luft in mancher Beziehung zu einer die Gesundheit gefährbenden." Klarer
würden sich die Wohnungsverhältnisse ergeben, wenn der Verfasser nicht
unterlassen hätte, eine Uebersicht über das Verhältniß zwischen der Zahl
der Wohnungen und entweder der Bevölkerungsziffer oder der Haus=
haltungsziffer zu geben. Aehnliche Verhältnisse behandelt Schnapper=
Arndt, und da die von diesem Autor angegebenen Daten fast bis in die
Einzelheiten herab mit den von Frankenstein gebotenen übereinstimmen,
ist wohl der Schluß auf die Aehnlichkeit der übrigen Erscheinungen in
beiden Industriegebieten berechtigt. A. Schnapper=Arndt weist[1]) ta=
bellarisch nach, daß das Feldbergdorf Arnoldshain 1877 bei einer Zahl von
109 Häusern im Ganzen 153 Wohnungen mit zusammen 189 Stuben zählte
gegenüber einer Bewohnerzahl von 698 Personen. „Von diesen schliefen
540 Personen, also fast 80 Proc., in Wohnungen, die aus nicht mehr als
einem Zimmer bestehen, so daß die mittlere Wohndichtigkeit in dieser Klasse
4,6 beträgt. Oder, was den Mißstand noch greller hervortreten läßt:
eliminirt man die 146 Personen, welche zu weniger als 5 Personen Ein
Zimmer bewohnen, so bleiben uns 394 Personen, also noch mehr als die
Hälfte der ganzen Bevölkerung, welche zu 5 und mehr Personen einen
einzigen Raum zum Schlafen, Wohnen, oft auch Arbeiten inne haben . . .
Dabei kommt es auch zuweilen vor, daß die dichte Bevölkerung des einen
Zimmers noch nicht einmal einer Familie im strengen Sinne des Wortes
angehört, indem Schwiegereltern und junge Leute zusammenwohnen; hie und
da, allerdings seltener, nimmt auch bie eine Familie ganz fremde Schläfer
auf oder theilen sich zwei Familien in das einzige Zimmer . . . Wie es . . .
um die Schlafeinrichtungen in diesen Stuben beschaffen sein muß, läßt sich
denken. Vergegenwärtigt man sich die Knappheit des Raumes (4,8 m auf
4,2 m bei 2,4 m Höhe ist schon eine seltene Größe), erwägt man dabei
die Armuth der Leute und die vergleichsweise hohen Kosten, welche die
Ausrüstung und Unterhaltung eines Bettes erfordert, so wird man es be=
greiflich finden, daß nicht für jede Person ein besonderes Bett aufgestellt
werden kann. Daß drei Kinder, ja auch drei schon ziemlich erwachsene
Personen verschiedenen Geschlechts ein Lager theilen, ist ganz häufig, dabei
verwendet man oftmals statt der Betten einfache Kisten oder sogen. Bett=

bankladen, welche während des Tages zu einer Bank zusammengelegt, einen geringen Raum in Anspruch nehmen. In solchen Fällen werden gewöhnlich die einen mit dem Kopfe, die anderen mit den Füßen nach oben gelagert. Auch daß man ein Kind quer in das Bett an das Fußende legt, bildet ein nicht ungewöhnliches Aushilfsmittel... Bei Todes- oder Krankheitsfällen giebt es natürlich da vielen Ausweg nicht. Der Todte bleibt oft seine drei Tage auf Stroh in der überfüllten Stube liegen und, entsetzlicher, der Schwerkranke nicht selten im selben Bette mit dem Gesunden... Unerträglich ist die Atmosphäre, welche des Morgens in einer der hier beschriebenen Stuben herrscht... Als besonders schädlich wurde in dieser Richtung von Seiten des Kreisphysikus das Waschen der schmutzigen Wäsche bezeichnet, welches, sowie auch die nachmalige Trocknung, in der Stube vorgenommen wird."

Fast genau dieselben Verhältnisse findet Sax in und um Sonneberg, im Eisenacher Oberland und in Neustadt a. R. Also in den verschiedensten Orten Thüringens, auf dem Lande wie in der kleinen Stadt.

In Sonneberg kamen 1880 auf das Haus durchschnittlich 2,97 Haushaltungen mit 14,5 Personen. Die Vertheilung der Haushaltungen und Personen auf die Gebäude zeigt folgende Tabelle.

Von den 597 Gebäuden waren bewohnt:

1 Haushaltung	. . .	182 Gebäude	1—5	Personen	. . .	81 Gebäude „
2 Haushaltungen	. . .	153 „	6—10	„	. . .	146 „
3 „	. . .	119 „	11—15	„	. . .	146 „
4 „	. . .	79 „	16—20	„	. . .	102 „
5 „	. . .	58 „	21—25	„	. . .	53 „
6 „	. . .	32 „	26—30	„	. . .	32 „
7 „	. . .	17 „	31—35	„	. . .	23 „
8 „	. . .	4 „	36—40	„	. . .	9 „
9 „	. . .	2 „	41 und mehr Personen		. .	5 „ [1]
10 „		— „				
11 und mehr	. . .	1 „				

Im Dorfe Steinach kommen auf das Haus 10,52 Personen.

Im Eisenacher Oberlande haben von 3017 Haushaltungen mit 14779 Köpfen 1997 oder 66,4 Proc. nur ein heizbares Zimmer, und zwar dient dies in der Mehrzahl der Fälle gleichzeitig auch als Schlafraum; besondere Kammern sind selten, manchmal dient ein durch eine dünne Wand nur bis zur halben Höhe getrennter Verschlag als Schlafgemach.[2] Von 772 unter den 1997 Haushaltungen, die nur auf ein Zimmer beschränkt sind (38,7 Proc.), wird in diesem nebenbei noch ein Gewerbe betrieben (Weberei, Schusterei, Holzschnitzerei ꝛc.) und durch die Handwerksgeräthe der ohnedies schon kleine Luftraum noch mehr beschränkt. Von den heizbaren Zimmern haben (nach den Berechnungen von Sax) noch nicht einmal 6 Proc. das von den Lehrbüchern der Hygiene für den Einzelnen geforderte Minimum des Luftkubus von 20 cbm; mehr als die Hälfte muß mit 10 cbm zufrieden sein und mit noch weniger. Wie die Zimmer im Allgemeinen zu klein

---

1) Sax, I, S. 87. 2) Sax, II, S. 76.

sind, so sind sie ganz besonders zu niedrig. Nicht weniger als 92,17 Proc. aller Zimmer bleiben ... noch unter dem denkbar geringsten Minimum von 2,5 m.

Auch bezüglich des von ihm auf seine socialen Verhältnisse hin untersuchten Weilerthales betont Kärger[1]) die Niedrigkeit und Enge der Wohn- und Arbeitsräume, noch mehr die der Schlafräume und in diesen wieder der Schlafstätten, und als natürliche Folge eine minimale, den einzelnen Personen zur Verfügung stehende Luftmenge, zwischen 2,5 und 3 cbm pro Kopf, anstatt der von der Hygiene geforderten 20 cbm.

Ein Vergleich dieser Angaben über die Wohnungen der Arbeiter aus den verschiedenen Industriegebieten weist nirgends einen Widerspruch auf. Ueberall die Klage über die Kleinheit und Ueberfüllung der Stuben, die sich in besonders extremen Fällen zu einer die Gesundheit gefährdenden gestaltet. Gleichwohl darf diesem Factore nicht die große Bedeutung beigelegt werden, wie dies von manchem Autor geschieht. Die zu starke Besetzung der Räume wird in ihren Folgen bedeutend paralysirt durch die ungemein große natürliche Ventilation der Arbeiterwohnungen, deren leichte Bauart in dieser Beziehung höchst segensreich wirkt. Ein Vergleich zwischen dem in demselben Betriebszweige beschäftigten städtischen und ländlichen Arbeiter liefert genügenden Beweis. Direct schädlich wird die enge Behausung daher nur in Krankheitsfällen, ebenso wie sie die unheilvollen Einwirkungen mancher Beschäftigungsart zu steigern vermag. — Ideale Wohnungsverhältnisse bei industriellen Arbeitern, darf man eben nie verlangen, findet man sie doch selbst in den wohlhabenden Bürgerkreisen höchst selten. — Was aber die directen Einwirkungen dieser Wohnungen auf die Sittlichkeit ihrer Insaßen anlangt, so ist von keiner Seite ein Bedenken ausgesprochen worden. Giebt doch selbst Schnapper-Arndt, dem man, sonst keine Beschönigung der von ihm besprochenen Thatsachen nachsagen kann, zu, daß in dem von ihm citirten Falle „die sittlichen Folgen dieses Verhältnisses (d. i. der massenhaften unterschiedslosen Zusammenpackung ohne Rücksicht auf Geschlecht und Alter) bemerkenswerther Weise... weniger üble sind als man zu glauben versucht sein sollte". Ebenso sagt Kärger, der allein sich noch über diesen Punkt geäußert hat, „daß aus demselben üble Folgen für die Sittlichkeit entstünden ... nicht constatiren können". Es wirkt eben hier die allgemein ethisirende Idee der Familie, welch letztere bei unseren ländlichen Arbeitern noch nicht zu einem bloßen contractmäßigen Zusammenwohnen herabgesunken ist. — Was hier von den Feldbergdörfern und den Bewohnern des Weilerthales gesagt ist, darf man aus dem Schweigen der übrigen Autoren wohl auch als gültig für die von diesen besprochenen und weiterhin für alle industriellen ländlichen Bezirke unseres Vaterlandes annehmen.

Fassen wir nun die Ergebnisse unserer Untersuchungen betreffs der Einkommens- und Wohnungsverhältnisse der ländlichen Arbeiterinnen zusammen, so gelangen wir zu keinem solch betrübenden Resultate wie be-

---

[1] Kärger, Die Lage der Hausweber im Weilerthale. Straßburg, Trübner, 1886. S. 143 ff.

züglich der entsprechenden Verhältnisse in der Großstadt. Das Lohnminimum auf dem Lande steht ja bedeutend tiefer als in der Großstadt.[1]) Das ländliche Lohnminimum beziehen aber nur die untersten Lohnklassen der Hausindustriellen, deren Zahl von der die niedrigsten Löhne beziehenden Arbeiterinnenmenge in den Großstädten zum wenigsten erreicht wird. Die sich aus der nominellen Höhe der städtischen und ländlichen Löhne etwa noch ergebende Differenz wird in ihren Folgen zum größten Theile durch die größere Billigkeit der Existenzmittel auf dem Lande ausgeglichen, wenn nicht zum Vortheile der ländlichen Arbeiterinnen entschieden. Auch die Wohnungsverhältnisse mögen in sanitärer Hinsicht hier wie dort vieles zu wünschen übrig lassen. Allein hinsichtlich der sittlichen Folgen beider Factoren befinden sich die ländlichen Arbeiterinnen in einer bei weitem günstigeren Position als ihre großstädtischen Colleginnen. Die Unzulänglichkeit des Einkommens und der Wohnung erzeugt bei den ländlichen Arbeiterinnen keinerlei Erscheinungen der Prostitution und drängt nur insofern, als durch sie eine Vervollkommnung in der Lebenshaltung der Arbeiterin unmöglich gemacht wird, auf eine befriedigendere Gestaltung der bezüglichen Verhältnisse hin.

Ein weiterer, für die socialen Verhältnisse der Arbeiterinnen bedeutsamer Factor ist zu erblicken in der Beschäftigungsart. Sie sowohl wie der im Anschlusse hieran noch zu besprechende Factor der Arbeitszeit ist in ihren unmittelbaren Folgen viel leichter und klarer erkennbar als die Einkommens- und Wohnungsverhältnisse und haben daher schon von dem Augenblicke an, wo Staat und Gesellschaft den Schutz der Arbeiterin als ihre Pflicht erkannten, die vollste Aufmerksamkeit der Gesetzgebung in Anspruch genommen. Mit welchem Erfolge, kann hier nicht erörtert werden, da zur Beantwortung der Frage, welche Einschränkung der Frauenarbeit den Gesammtinteressen des Staates förderlich sei, noch mancher andere Factor in Berücksichtigung gezogen werden muß. Jedenfalls aber deutet die Thatsache, daß in den Berichten der Fabrikinspectoren der Besprechung der Arbeiterinnenverhältnisse eine eigene Rubrik zugestanden ist, die dieser Seite zugewandte Aufmerksamkeit der maßgebenden Kreise zur Genüge an.

Fragen wir uns nun, in welcher Beziehung die Arbeitsart auf die Arbeiterinnen schädlichen Einfluß auszuüben vermag, so ist auch hier zu scheiden zwischen sanitärer und sittlicher Gefährdung.

Was zunächst die gesundheitlichen Schädigungen durch die Eigenthümlichkeiten der Beschäftigungsart anlangt, so müssen wir uns gleich anfangs eine ausführliche Besprechung der Gefahren, welche den weiblichen Arbeitern mit ihren männlichen Genossen gemeinsam sind, versagen. Die Gefahren mechanischer Verletzung, sowie die Durchsetzung der die Arbeiterin umgebenden Luft mit Staub oder Dämpfen und Gasen oder direct giftigen Stoffen, die Schädlichkeit der Arbeit in zu hoher oder zu niederer Temperatur mit

---

1) Es läßt sich hier die eigenthümliche Erscheinung constatiren, daß in der Stadt die hausindustriellen Löhne die höchsten, auf dem Lande dagegen die niedrigsten sind.

Einschluß jähen Temperaturwechsels und der Nässe, sowie endlich der unheilvolle Einfluß, welchen gewisse, längere Zeit inne zu haltende Körperstellungen auf den Organismus ausüben, sind nur insofern für uns von Interesse, als das graziler gebaute, mit dem geringeren Grade von Körperkräften begabte Weib nicht im Stande ist, den Schädlichkeiten dieser Arbeitsart mit demselben Nachdruck und Erfolge entgegenzutreten, wie der Mann. Um so weniger als die Verschiedenheiten nach dem Geschlechte sich gerade in diesem Alter geltend machen, „wo die vorzugsweise Bestimmung des Weibes zum geschlechtlichen Leben und zur Fortpflanzung der Gattung klar zu Tage tritt.[1]) Empfindliche, sensible Individuen stehen, mögen sie verheirathet sein oder nicht, in dieser Lebensstufe einen großen Theil der Zeit unter dem Einflusse der Geschlechtssphäre... 3—5 Tage in jedem Monate (1—2 Monate im Jahre, b. h. also von 100 Tagen immer 14 bis 16 Tage) existirt das nicht schwangere Weib in einem Zustande, der, wenn man ihn auch ärztlich nicht als einen krankhaften bezeichnen kann, doch oft hart an der Grenze des Pathologischen steht und unter allen Umständen zu verschiedenen Erkrankungen eine größere Disposition verleiht."

Eine natürliche Folge dieser Verhältnisse ist einerseits eine höhere Ziffer der Erkrankungsfälle, wie sie neben anderen statistischen Untersuchungen hauptsächlich die sehr bedeutenden Listen der Friendly Societies in Großbritannien außer Zweifel setzen, auf welche Statistik wir bei dem Mangel entsprechend umfangreicher deutscher Statistiken recurriren müssen. Die Berichte der deutschen Fabrikinspectoren lassen auch in dieser Beziehung nicht weniger als alles zu wünschen übrig, indem sie in den allermeisten Fällen nur die Gesammtziffer der Verletzungen angeben, nur unterschieden nach dem tödtlichen oder nicht tödtlichen Ausgange, dabei aber das Geschlecht zu wenig berücksichtigen. Hierbei ist jedoch der eigenthümlichen Erscheinung zu gedenken, daß trotz der höheren Erkrankungsziffer der Arbeiterin ihre Sterblichkeitsziffer oft eine nicht unbedeutend niedrigere ist, als die ihrer männlichen Genossen. So berichtet Hirt, a. a. O. S. 7: „Es starben in England 1859 an Krankheiten 18,14 p. m. (= 1 : 65) männliche und 17,13 (= 1 : 58) weibliche Individuen (b. h. Arbeiter); im Canton Genf 1838—55 17,50 p. m. (= 1 : 57) männliche und 17,40 (= 1 : 58) weibliche; auch die Sterblichkeit infolge anderer, nicht durch Krankheiten bedingter Ursachen scheint beim männlichen Geschlechte größer zu sein." In Sonneberg starben nach den Berichten von Sax (a. a. O. S. 45) bei einer Sterblichkeitsziffer von 397 allein 174 an Lungenkrankheiten, zu welcher Menge Lungenkranker die Bossirer und Drücker das Hauptcontingent stellten. Von diesen 174 Lungenkranken waren 100 Männer und 74 Frauen. Ihre Erklärung findet diese Thatsache einmal in der eigenthümlichen psychischen Beanlagung der Frauen (... „so eignet der Mann sich mehr Stoff an als die Frau, er ißt und trinkt viel mehr, er athmet viel stärker, sie kann länger hungern, ist schwerer zu ersticken als er, weil bei ihm die Assimilation, bei ihr die Resimilation mächtiger ist."

---

[1]) Dr. Ludwig Hirt, Die gewerbliche Thätigkeit der Frauen vom hygienischen Standpunkte aus. Breslau und Leipzig, Verlag von J. Hirt und Sohn. S. 5.

Erdmann, Psychologische Briefe, 6. Auflage, S. 83), zweitens in dem Ausschlusse der Frau von einer Reihe Betriebsarten überhaupt. Dieser Ausschluß ist eine zweite natürliche Folge der grazileren Constitution der Arbeiterin. Und zwar erstreckt sich dieser Ausschluß auf alle die Thätigkeiten, welche mit einer besonderen Aeußerung der Kraft verbunden sind. Doch nur in den allerdings bei weitem meisten Fällen, wo den Frauen eine andere Erwerbsart als die der Männer möglich und zugänglich ist. So beschäftigen sich die Frauen der schon erwähnten Eisenarbeiter auf dem hohen Taunus mit Filetstrickerei und fertigt der weibliche Theil der Bevölkerung des Klingenthaler Kirchspiels Handstickereiarbeiten.[1]
Wo aber eine ihrer Constitution angemessenere, Einkommen abwerfende Arbeitsgelegenheit für die Frau nicht vorhanden ist, und wo der Umfang des Betriebes oder die Qualität der geforderten Leistungen der Frauenarbeit nicht entbehren kann, fallen die Rücksichten, welche sonst den Eigenthümlichkeiten ihrer Constitution gebracht werden, fort. Zwar die Verwendung der Frauen zu Arbeiten, welche an die Körperkraft große Anforderung stellen, mag sich bei der Fabrikthätigkeit überhaupt nicht finden. Allein bei der hausindustriellen Betriebsweise läßt sie sich, wenn auch nur in sehr vereinzelten Fällen, so doch hie und da nachweisen. So berichtet Sax über die Schiefertafelmacherinnen: „Der Transport der Rohtafeln geschieht in der Regel durch Frauen und Mädchen ... Sie laden $1^{1}/_{2}$—2 Schock Tafelsteine in Körben von 50—60 kg und müssen damit öfters zweimal den Berg hinauf und zweimal hinunter keuchen. Sie dampfen im Winter wie ein röhrendampfiges Pferd, man hört sie schon von weitem; sie sind in Schweiß gebadet und müssen sich in den Schnee setzen, um auszuruhen; davon zahllose Entzündungen der Lunge, die chronisch werden und mit Phthisis enden. Die Frauen laden alle so, daß die Last mehr nach vor auf den Nacken zu liegen kommt. — Diese Art des Transportes ist eine unerschöpfliche Quelle von Brust- und Magenleiden ..." Weil ebenfalls an die Kraft der Arbeiterin hohe Anforderungen stellend, kommt hier ferner in Betracht die Arbeit an der Nähmaschine. Sobald die Beschäftigung mit derselben, worauf wir später zurückkommen werden, als Broterwerb benutzt und 8, 10 oder gar 11 Stunden täglich vorgenommen wird, ist sie nach dem Ausspruche bedeutender Aerzte (Cazal, Espagne, Decaissue ꝛc., s. darüber auch Hirt a. a. O.) im Stande, in verhältniß-

---

[1] Nach den diesbezüglichen Untersuchungen von Carl Strauß (die Hausindustrie im Deutschen Reiche. Conrad's Jahrbücher, N. F., Bd. 14, S. 59) sind hausindustriell beschäftigt:

In den Gewerbearten			
	Männer Proc.		Weiber Proc.
Büchsenmacherei . . .	99,6	Näherei	99,7
Tischlerei	99,3	Appretur für Strumpf- und Strickwaaren .	97,8
Eiserne Nägel, Stifte ꝛc.	99,0	Wäscherei ꝛc.	96,7
Zeug-, Sensen-, Messerschmiede	98,6	Häkelei und Stickerei .	96,4

mäßig kurzer Zeit (6—12 Monate) auch die kräftigste Gesundheit zu ruiniren.

Was die Gefahr mechanischer Verletzung anlangt, die naturgemäß in den Fabriken die größte ist, so disponirt unzweifelhaft die Bekleidung die Frauen ganz besonders zu Unfällen, welcher ungünstige Factor aber in seinen Wirkungen wohl vollkommen paralysirt wird dadurch, daß, vielleicht mit der einzigen Ausnahme der Baumwoll- und Wollweberei, in den sämmtlichen Industrien die Zahl der an den Maschinen selbst beschäftigten männlichen Arbeiter die der Arbeiterinnen bedeutend übersteigt.

Von noch untergeordneterer Bedeutung für die Arbeiterin sind die Gefahren durch abnormen Luftdruck, ebenso die der Hitze. Bezüglich der letzteren ist ihnen einiger Schutz zu Theil geworden, indem ihnen auf Grund des § 139a der Gewerbeordnung durch die Verordnungen vom 23. April 1879, betreffend Glashütten und betreffend Walzwerke und Hammerwerke, die Arbeit vor dem Ofen, resp. bei dem unmittelbaren Betriebe der Werke untersagt ist. Daß sie gleichwohl in noch mancherlei anderen Industriezweigen die Arbeit bei hoher Temperatur leisten müssen, dafür möge des beschränkten Raumes wegen nur auf die Arbeiten in den Druckereien der Baumwollindustrie[1]), Zuckerraffinerien und Färbereien verwiesen werden.[2])

Bezüglich der Einwirkung abnormen Luftdruckes, der vor allem mit den Bergwerksarbeiten unter Tage verbunden ist, so wird von ihnen infolge des Ausschlusses der Frauen von dieser Beschäftigungsart durch das Berggesetz vom 24. Juni 1865 die Arbeiterin überhaupt nicht betroffen.

Dagegen was die gesundheitlichen Schädigungen durch Staub, Dämpfe, Gase, schroffen Temperaturwechsel und Nässe, ebenso wie die durch längere Zeit eingenommenen Körperstellungen anlangt, so ist die Arbeiterin in nichts besser gestellt als ihr männlicher Genosse. Die Schutzmaßregeln, welche im Fabrikbetriebe für ihn eingeführt sind, müssen auch für sie genügen. An einen besonderen Schutz wegen der aus ihren geschlechtlichen Eigenthümlichkeiten entspringenden geringeren Widerstandsfähigkeit gegen die üblen Einwirkungen jener Erscheinungen hat man bis jetzt Seitens des Staates noch nicht gedacht. Für unsere Zwecke kommen dieselben nur in Betracht, weil ihre Einwirkung auf die Arbeiterinnen besonders charakteristische sind. Zunächst wird ja jede unverheirathete Arbeiterin, die unter dem Einflusse jener Factoren steht, gleicher Art und nur in erhöhtem Maßstabe an ihrer Gesundheit geschädigt werden, wie der Mann. Daß der hausindustrielle Betrieb in dieser Beziehung relativ weniger Erkrankungen aufweist, als der Fabrikbetrieb, ist eine Folge der naturgemäßen Verlegung der gefahrbringenden Beschäftigungen aus den Wohnungen in geschlossene Etablissements mit entsprechenden Schutzvorrichtungen, als deren bedeutsamste die Ventilation anzusehen ist. Daß gleichwohl nicht überall die

---

1) Hertner, a. a. O. S. 800.
2) Die Folgen dieser Beschäftigungen sind Stockungen im Pfortadersysteme, welche allgemeine Abspannung und Ermattung hervorrufen und dauernde Störungen des Allgemeinbefindens verursachen. Näheres s. Hirt, a. a. O.

Hausindustrie dieser Gefahrlosigkeit sich rühmen kann, zeigen die immerhin noch zahlreichen diesbezüglichen Klagen der Volkswirthe. Sax vor allem ist es auch hier, der den Finger auf die Schäden der Hausindustrie legt. In den von ihm auf die wirthschaftlichen und socialen Verhältnisse ihrer Bewohner untersuchten hausindustriellen Gegenden Thüringens kennzeichnet er als gesundheitsschädlich die Arbeit der Bossirer und Drücker in Sonneberg und Umgegend und die Verarbeitung des Griffelsteins in den Hütten auf den Griffelbrüchen [1]) (Staub) und das Liniiren der Tafeln und die Perlfabrikation (Quecksilberdämpfe).[2]) Die Phosphorzündhölzchenanfertigung in Neustadt a. R., die früher hausindustriell betrieben wurde, hat seit dem Reichsgesetze vom 13. Mai 1884 den Fabrikbetrieb angenommen. — Seinen Angaben schließen sich in der Fachliteratur nur noch die Berichte von Schnapper-Arndt[3]) und Schönlank[4]) an, welch ersterer auf die durch das anhaltende Ueberbeugen über die Arbeit hervorgerufene gekrümmte Haltung der Filetarbeiterin hinweist, während Schönlank auf die furchtbaren pathologischen Erscheinungen, welche die Arbeit in den Fürther Spiegelbelegen im Gefolge hat, die Aufmerksamkeit lenkt. — Endlich kommen hier noch in Betracht die gesundheitsschädlichen Einwirkungen der Nähmaschinenarbeit, die wir schon oben kurz gestreift haben. Nach den Ausführungen von Hirt[5]) stellen sich bei einer 8—11stündigen Arbeitszeit oft schon nach wenig Monaten bei der Arbeiterin nervöse Affectionen ein (Ohrensausen, nervöses Herzklopfen, Kreuz- und Lendenschmerzen), in der Regel verbunden mit Störungen in der Genitalsphäre. Die relativ geringe Zahl schädlicher Beschäftigungen in der Hausindustrie mag wohl durch weitere Untersuchungen um mancherlei Fälle vermehrt und ergänzt werden. Aber jedenfalls wird sich in ihr weder eine solche Allgemeinheit noch Intensität der Gefahren finden lassen, wie sie die fabrikmäßige Thätigkeit aufweist. Für den mit den diesbezüglichen Verhältnissen Vertrauten hat diese Erscheinung nichts Wunderbares, denn einmal haben die mit besonderer Gefahr für die Gesundheit verbundenen gewerblichen Thätigkeiten, wo dies nur einigermaßen anging, entweder von selbst oder durch den Zwang gesetzlicher Vorschriften den Fabrikbetrieb angenommen, zweitens bietet der Fabrikbetrieb selbst eine Reihe eigenthümlicher Gefahren, auf die hier nur kurz hingewiesen werden kann. Endlich kann die Erfüllung der die Arbeiterin umgebenden Atmosphäre mit Staub, Dämpfen und direct giftigen

---

1) Der Verfasser kann diese Thatsachen durch eigene diesbezügliche Beobachtungen bestätigen.
2) Sax, a. a. O. I, S. 45, 87, 97, 112.
3) a. a. O. S. 90.
4) Schönlank, Die Fürther Quecksilber-Spiegelbelegen und ihre Arbeiter, Stuttgart 1888, S. 135 ff. Der Verfasser fand im Ganzen 202 Personen beschäftigt. Von diesen waren nur 37 männliche Arbeiter, die übrigen 165 waren Frauen. Seine Schilderung der Thätigkeit der Arbeiterinnen in diesem Gewerbszweige fordert unwillkürlich eine Vergleichung des hier in Frage kommenden bayerischen mit den meiningischen Fabrikinspectoren, welche eine Abstellung ähnlicher Mißstände in Neustadt a. R. veranlaßten, heraus.
5) Hirt, a. a. O. S. 20.

Gase durch Ventilation selbst unter Voraussetzung, daß seitens der Arbeitgeber das nur denkbar Mögliche in dieser Richtung geschieht, stets nur theilweise abgestellt werden. Die diesbezüglichen Erfahrungen in der Baumwoll-, Flachs-, Phosphorzündhölzer-, chemischen Industrie ꝛc. liefern hierfür genügende Belege.¹) Allein die Schädlichkeit dieser Beschäftigungen auf die gesunde Arbeiterin ausführlicher nachzuweisen, kann nicht unsere Aufgabe sein. Dies sind Dinge, welche alle Arbeiter, ob männliche oder weibliche, gleichermaßen betreffen und auf die hier nur kurz hingewiesen werden kann.

Von besonderer Wichtigkeit für uns sind all diese Factoren erst dann, wenn sie nicht das gesunde Weib, sondern die Arbeiterin im Zustande der Schwangerschaft und kurze Zeit nach derselben betreffen. In dieser Hinsicht ist von hohem Werthe neben der schon erwähnten Broschüre von L. Hirt seine weitere Abhandlung über „die Frauenarbeit in den Fabriken".²) Ihr entnehmen wir zum größten Theile die folgenden Angaben: „Die schwangere Arbeiterin," führt er aus, „verdient die Aufmerksamkeit des Gesetzgebers im höchsten Grade, ... einmal um ihrer selbst und zweitens um des Kindes willen, das sie in sich trägt." Die für die Schwangere und das Kind gemeinsame Gefahr besteht darin einmal, daß die Schwangerschaft nicht ihr durch die Natur bestimmtes Ende erreicht, sondern durch Ausstoßen der unreifen Frucht vorzeitig abgeschnitten wird, zweitens, daß durch die Beschäftigung der Mutter eine chronische Vergiftung des Kindes, sei es noch im Mutterleibe oder in der Zeit des Stillens, herbeigeführt wird, endlich in einer zu frühzeitigen Wiederaufnahme der Arbeit.

Daß zu den veranlassenden äußeren Ursachen des Abortus die ununterbrochene, hochgradige körperliche Anstrengung gehört, ist allbekannt. Deswegen ist auch das Tragen und Heben schwerer Lasten, sowie das starke und schnelle Bewegen mit den Beinen, wie dies die Arbeit an der Nähmaschine mit sich bringt, endlich auch das lange Stehen für eine Schwangere höchst nachtheilig. Wie sich die Gefahren auf den Hausindustriellen und den Fabrikbetrieb vertheilen, ist schon oben nachgewiesen.

Ein Moment von vielleicht noch größerer Wichtigkeit besteht in der Verarbeitung von Stoffen, welche, in den Organismus der Arbeiterin gelangt, den Abortus herbeiführen. Die Stoffe wirken zugleich in den relativ wenigen Fällen, in denen die Schwangerschaft ihr normales Ende findet, während der Periode des Stillens direct und indirect giftig auf das Kind ein. Zu ihnen gehören in erster Linie Blei und Quecksilber, in zweiter Phosphor, Arsenik, Anilin, Kupfer, Zinn, Antimon ꝛc. Nach den Untersuchungen von Constantin Paul und Archambault haben von 141 schwangeren, von ihnen beobachteten, in der Bleiindustrie beschäftigten Frauen

---

1) Jahresbericht der Fabrikinspectoren für Sonneberg 1880, Bericht des schweizerischen Fabrikinspectors Dr. Schuler aus den Jahren 1884 und 1885. Herkner, a. a. O. S. 299. Nach Hirt (S. 17) waren in Fürth 85½ Proc. der quecksilbervergifteten Arbeiter weiblichen Geschlechts.
2) Annalen des Deutschen Reiches, Jahrgang 1875, S. 43 ff.

82 abortirt (68 Proc.). Von demselben Arzte wurden elf an Bleiaffectionen leidende Frauen bezüglich der Häufigkeit ihrer Schwangerschaften und Aborte untersucht mit dem Resultate, daß von 70 Schwangerschaften 54 (= 78,5 Proc.) mit Abortus endigten [1]), gegenüber einer Durchschnittsziffer von 3,43 Proc. in Deutschland.[2]) Aehnliche Erscheinungen bieten die Gesundheitsverhältnisse der Quecksilberarbeiterinnen, nur daß für sie das statistische Material noch geringer ist. Jedenfalls aber tritt nirgends deutlicher als in diesem Industriezweige die Erscheinung zu Tage, daß die Frauen dem Einflusse des Quecksilbers öfter und schneller unterliegen, als die Männer, und daß die wahrscheinliche Lebensdauer der von denselben geborenen Kinder sehr gering ist.[3]) So waren unter 41 controlirten Erkrankungen einer Reihe von Jahren unter den Spiegelbelegern in Fürth nach den Angaben von Hirt[4]) 35 afficirte Frauen (85,5 Proc.) und nur 6 erkrankte Männer.[5]) Unter den lebend geborenen Kindern starben während des ersten Lebensjahres von den Kindern der Bleiarbeiterinnen 40 Proc., der Spiegelbelegerinnen 65 Proc. gegenüber einer Durchschnittssterblichkeitsziffer für das erste Lebensjahr im Deutschen Reiche von 20 Proc. Von den Kindern der Bleiarbeiterinnen erreichen kaum 13 Proc. das zweite Lebensjahr.

Die Gefahren der Beschäftigung der Frauen mit den übrigen Giften ist der diesen beiden Metallen gegenüber von wenig Belang. Nach dem citirten Gutachten von Hirt sind folgende Gewerbebetriebe von der zweiten Hälfte der Schwangerschaft an für die Arbeiterinnen und deren Kinder besonders gefahrbringend: die Fabrikation von buntem Papier, von künstlichen Blumen, das sogen. Einstärken von Brüsseler Spitzen mit Bleiweiß, die Herstellung von Abziehbildern, das Belegen von Spiegeln, die gesammte Kautschukindustrie und alle Fabrikbetriebe, in welchen die Arbeiterinnen schädlichen Gasen — Kohlenoxydgas, Kohlensäure und Schwefelwasserstoffgas — ausgesetzt sind.

Endlich ist hierher noch zu rechnen die Beschäftigung der in staubiger Atmosphäre thätigen Arbeiterinnnen, als deren Repräsentanten wir die Glasschleiferin einerseits, die Baumwollspinnerin andererseits anzusehen haben. Diese Beschäftigungen haben nicht sowohl ein Absterben des Fötus im Mutterleibe als ein Hinsiechen des Kindes nach der Geburt infolge kümmerlicher Ernährung und vielleicht auch schwindsüchtiger Veranlagung der Mutter zur Folge. Als Beleg hierfür möge folgende Zusammenstellung der bez. Daten aus den von Herkner (a. a. O. S. 317 und 319) beigebrachten Statistiken dienen:

---

1) Hirt, Ueber Frauenarbeit ꝛc., S. 46.
2) Sick, Württembergisches Jahrbuch 1866.
3) Hirt, Die gewerbliche Thätigkeit ꝛc., S. 16.
4) Hirt, a. a. O. S. 17.
5) „Besonders disponirt sind die Spiegelbeleger auch zur Lungenschwindsucht. Kußmaul fand unter 56 unter dem Einflusse von Quecksilber verstorbenen Personen 37, das sind 71 Proc. Schwindsüchtige." Schönlank, Die Fürther Quecksilber-Spiegelbelegen und ihre Arbeiter. Stuttgart 1888.

Kreis	Auf 1000 Geborene entfallen Todtgeborene			Auf 1000 Civilpersonen kommen Fabrikarbeiter
	1872—1876	1878—1882	1884	
Altkirch . . .	44	36	34	28
Colmar . . .	55	46	48	101
Gebweiler . .	47	42	54	139
Mülhausen . .	57	51	46	159
Rappoltsweiler .	63	50	49	91 (ohne haus-industrielle Bevölkerung)
Thann	57	51	51	222

Der geringe Unterschied hinsichtlich der Todtgeburten zwischen dem fast rein landwirthschaftlichen Altkirch und dem ebenso fast ausschließlich industriellen Thann beweist, daß die anormale Höhe der Todtgeburtenziffer ihren Grund in der Thätigkeit in stauberfüllter Atmosphäre nur zum geringsten Theile hat, daß vielmehr die Ursachen dieser Erscheinungen anderswo liegen, sei es in der Wohnung, oder in eigenthümlichen Sitten oder endlich in der ganzen Constitution der dortigen Bevölkerung. Für die sich immerhin ergebende Differenz ist als Ursache zweifellos anzusehen das mit der Baumwollspinnerei verbundene lange Stehen vor den Maschinen, wie dies auch Herkner[1]) hervorhebt. — Was von der Baumwollspinnerin gesagt ist, gilt mit nur geringen Unterschieden für alle Arbeiterinnen in Fabrikbetrieben oder Hausindustrien, welche mit der Erzeugung von nicht an sich giftigen Staubarten, anorganischen oder organischen, verbunden sind.

Um so schädlicher wirken diese Beschäftigungsarten auf das neugeborene Kind ein. Bei den Fabrikarbeiterinnen in den Baumwollspinnereien Mülhausens betrug die Sterblichkeit von Arbeitskindern im Durchschnitte der Jahre 1863—1873 34,7 Proc. der Lebendgeborenen. Die durchschnittliche Sterblichkeitsziffer der von den Glasschleiferinnen geborenen Kinder in den ersten vier Lebensjahren beträgt heute noch 55 Proc.[2])

Zu dem letzteren Resultate wirkt als einflußreicher Factor neben der Beschäftigungsart die zu früh wieder aufgenommene Arbeit mit. Ist seine Bedeutung auch bei den mit giftigen Dämpfen in Berührung kommenden neuentbundenen Arbeiterinnen gering, weil die chronische Vergiftung des Kindes in den bei weitem meisten Fällen schon im Fötuszustande eingetreten sein mag, so ist eine Steigerung der Gefahr durch zu frühzeitige Wiederaufnahme der Arbeit jedenfalls unbestreitbar. Ihre größte Wichtigkeit aber erlangt dieser Factor bei den in nicht giftiger Staubatmosphäre und an der Nähmaschine ꝛc. beschäftigten Arbeiterinnen. Schlagenden Beweis hiefür liefert die Thatsache, daß in den Etablissements von Johann Dollfuß in Mülhausen die Sterblichkeit der Kinder der Arbeiterinnen Anfangs der 30er Jahre 38—40 Proc. betragen hat, dagegen nach Einführung der Bestimmung, daß die in der Fabrik beschäftigten Wöchnerinnen durch

---

1) Herkner, a. a. O. S. 121.   2) Hirt, Ueber Frauenarbeit, S. 48.

6 Wochen den vollen Lohn ausbezahlt erhalten sollten, falls sie sich in dieser Zeit nur dem Haushalte und der Pflege des Kindes widmen würden, die Sterblichkeit der von den Fabrikarbeiterinnen des Etablissements geborenen Kinder sofort auf 24—28 Proc. sank, also die Norm wenig überstieg. Dieser Erscheinung ist Rechnung getragen von der Gesetzgebung durch das Verbot der Beschäftigung von Wöchnerinnen während drei Wochen nach der Niederkunft (Gewerbeordnung § 135). Doch ist der volle Segen dieses gesetzlichen Verbotes erreicht worden erst durch die Unterstützung der Wöchnerinnen während dieser Zeit Seitens der Krankenkassen. Diese beiden Bestimmungen haben in dem Leben der Fabrikarbeiterinnen eine der Hauptquellen des in dieser Klasse herrschenden Elends verstopft, und es ist nur zu bedauern, daß der Anwendung dieser Vorschriften auch auf die Hausindustrie schwer zu beseitigende Hindernisse im Wege stehen. Wünschenswerth ist hinsichtlich der ersteren Maßregel ferner noch, daß an Stelle der starren Grenze von drei Wochen eine bewegliche, die Individualität der Arbeiterin mehr berücksichtigende, gesetzt wird.[1]

Neben der Gefährdung der Gesundheit besteht eine weitere Gefahr verschiedener Beschäftigungsarten darin, daß sie die Sittlichkeit der sie betreibenden Arbeiterinnen direct verderblich beeinflussen. Hierher gehören alle diejenigen Betriebe, welche das Arbeiten von Männern und Frauen in demselben Raume nöthig machen, sowie die Beschäftigung der Arbeiterin in Fabrikräumen, bei welchen keine Trennung der Garderobe, der Waschräume und der Aborte nach die Geschlechter vorgesehen ist. Bedeutend gesteigert wird diese Gefahr noch, wenn infolge der in den Arbeitsräumen herrschenden Hitze leichtere Bekleidung getragen wird und Nachtarbeit oft stattfindet. So berichtet Bein[2] von den Textilarbeiterinnen Plauens: „Eine nicht erfreuliche Erscheinung bildet das moralische Verhalten der Arbeiterinnen in diesen Erwerbszweigen im Gegensatze zu den in anderen Gewerben, was sich nur durch das Zusammenleben der Geschlechter, durch die leichtere Bekleidung und durch die Art der Arbeit erklären läßt." Deutlicher und unverhüllter spricht sich Thun[3] über entsprechende Verhältnisse der Fabriken um Gladbach und Rheydt aus, indem er in seiner drastischen Weise ausführt: „Am Tage wurde der Grund zu den nächtlichen Ausschweifungen gelegt. In den Anfängen des Fabrikbetriebes und zum Theil noch heute arbeitet Alles unterschiedslos durcheinander, Kinder, halbwüchsige Burschen und Mädchen, Männer und Frauen, in den überhitzten Räumen nur mit einem Hemde und Rock bekleidet. Jede Scham mußte schwinden, der Ton wurde, der Tracht entsprechend, ein grenzenlos roher, und im Zwielichte bei aufgeregter Nerventhätigkeit und in der Nacht, wo Rücken an Rücken oder Seite an Seite gearbeitet wurde, gingen rohe Worte zu noch roheren Thaten über."

Daß diese Gefahr eine specifische Eigenthümlichkeit der Fabrikindustrie ist, bedarf keiner Erwähnung. Und die Berichte der Fabrikinspectoren

---

1) Vielleicht, indem man die Wiederzulassung zur Arbeit in jedem einzelnen Falle von einer ärztlichen Entscheidung abhängig machte.
2) Bein, a. a. O. II, S. 437.
3) Thun, a. a. O. I, S. 175.

stimmen in der Klage um diese Erscheinung überein. Aber auch wohl nirgendswo zeigt sich drastischer als gerade hinsichtlich dieser Erscheinung der günstige Einfluß der Fabrikinspection auf die Hebung der Lage der Arbeiter. Bei der Einführung dieses Instituts fast gleichmäßig in dem gesammten Deutschen Reiche vorhanden, zeigt sich ein zwar langsames, aber stetiges Zurückdrängen dieser Gefahr, und die Fabrikinspectoren sind es selbst, welche auf diese erfreuliche Erscheinung hinweisen.[1]) Wenn der Bericht des Aufsichtsbeamten für das Königreich Württemberg in dieser Beziehung sagt: „Nach meinen Erhebungen ist es nicht die Art der Beschäftigung, welche in der bezeichneten Richtung besondere Wirkungen oder Unterschiede hervorruft, sondern weit mehr der allgemeine sittliche Zustand, die Lebensanschauungen und Verhältnisse der Bevölkerung einer Gegend überhaupt"[2]); so übersieht er, daß die von ihm zu Grunde gelegten Factoren Producte eben der Verhältnisse sind, welche sie ihrerseits wieder bedingen. Und wenn die Verhältnisse in Württemberg wirklich so ausnahmsweise günstig liegen, wie sie der betreffende Beamte darstellt, so liegt der Grund hierfür jedenfalls weit mehr in den Eigenthümlichkeiten der Fabrikbetriebe, als in der von ihm angenommenen Vorzüglichkeit des Charakters der industriellen Bevölkerung. Richtig erkannt wird das Verhältniß der diesbezüglichen Factoren von dem Beamten für den Aufsichtsbezirk Zwickau[3]), der in der strengen Beaufsichtigung in den Fabriken den Grund für weniger nachtheilige Einwirkung der Fabrikarbeit auf die Sittlichkeit anerkennt.

Fassen wir nun die Ergebnisse unserer Untersuchung über den Einfluß der Arbeitsart auf das körperliche und sittliche Wohl der in ihr thätigen Arbeiterinnen zusammen, so lassen sich folgende Forderungen aufstellen: Im Allgemeinen ist der Schutz der weiblichen Arbeiter zu verschärfen und die Ausdehnung desselben auch auf den hausindustriellen Betrieb noch mehr als bei den männlichen Arbeitern zu erstreben. Was speciell die schwangeren und unentbundenen Arbeiterinnen anlangt, so sind erstere von der zweiten Hälfte der Schwangerschaften ab von gewissen Betrieben überhaupt auszuschließen und für die letzteren ist eine beweglichere Grenze der Arbeitsenthaltung wünschenswerth.

Haben die bisher besprochenen Factoren vorzugsweise nur auf die Persönlichkeit der Arbeiterin als eines selbständigen Organismus gewirkt, so richtet sich der Einfluß des nun zu besprechenden Factors, der Arbeitszeit, auf die Arbeiterin in erster Linie als auf ein Organ der Gesellschaft und dadurch direct auf die Gesellschaft selbst. — In doppelter Beziehung ist die Arbeitszeit für unsere Frage von Bedeutung, insofern nämlich die Arbeiterin geschädigt wird:

a) durch übermäßig lange, durch Ruhepausen nicht genügend unterbrochene Arbeit, welche auch einen Theil der Nacht in Anspruch nimmt (Nachtarbeit);

b) durch Arbeit an Sonn- und Feiertagen.

---

1) Amtliche Mittheilungen x., XII. Jahrgang, 1887, S. 12.
2) a. a. O. S. 61.
3) a. a. O. S. 12.

Was zunächst die erste Art der Arbeit anlangt, so sind ihre sanitären Einwirkungen, wenn sie während eines längeren Zeitraumes regelmäßig stattfindet, auf die Arbeiterin unverkennbar, zumal wenn ohne Schichtwechsel gearbeitet wird oder die Arbeiterin entfernt wohnt. Die Hauptgefahr liegt im Allgemeinen nicht in dem Mangel von Ruhepausen als vielmehr an den Folgen der Nachtarbeit. Bei regelmäßiger Nachtarbeit tritt bei der Arbeiterin der Zustand ein, den A. Thun[1]) bei Besprechung der Verhältnisse der Baumwolleninduftrie in Glabbach und Rheydt mit den Worten schildert: „Wenn gar die Arbeit nur Mitternacht oder um drei Uhr Morgens geschlossen wurde, da konnten die Mädchen sich den ganzen Tag über nicht erholen und schmerzerfüllt sah sie der Fabrikinspector sich auf der Diele wälzen." Daß durch diese Verhältnisse auch der Unsittlichkeit Vorschub geleistet wird, bedarf keiner Erwähnung. Die Gesammtziffer der mit mehr oder weniger regelmäßiger Nachtarbeit beschäftigten Fabrikarbeiterinnen erfährt aber nach den Berichten der Fabrikinspectoren von Jahr zu Jahr eine Verminderung. „Als Betriebe mit, wenn auch nicht immer, regelmäßiger Nachtarbeit, werden in dem Berichte für Potsdam-Frankfurt a. O. die Briquettefabriken, in den Berichten für Hannover, Leipzig und Sachsen-Meiningen verschiedene Betriebe der Textilinduftrie (Spinnereien, Wollwäschereien, Wollkämmereien, Flanellfabriken), außerdem in einzelnen Berichten die Papierfabriken (Leipzig), die Druckereien (Leipzig) und endlich mehrfach die Zuckerfabriken genannt.[2]) Auch die in manchen Gewerben sich in der Form der Ueberstunden findende gelegentliche Nachtarbeit weiblicher Arbeiter weist nach denselben Berichten einen stetigen Rückgang auf. — Anders stehen die Verhältnisse in der Hausinduftrie. Zunächst fallen hier die in dem Fabrikbetriebe regelmäßigen Ruhepausen weg. Die Angaben von Bein, betreffend die Arbeitszeit der Hausinduftriellen in Marktneukirchen[3]): „1 Stunde Mittag, oft nur ½, bildet ihre einzige Erholung am Tage, und Frühstück wie Vesper wird während der Arbeit verzehrt"[4]) gilt mit nur wenigen Ausnahmen für alle Hausinduftriellen. Ferner aber ist die Gesammtarbeitszeit eine weit größere. Darf in der Fabrikthätigkeit der 10 stündige Arbeitstag (excl. Pausen) als Regel angenommen werden, so ist die Norm für die Hausinduftrie eine tägliche, allerdings nicht regelmäßige, Arbeitszeit von 13—14 Stunden.[5]) Erheblich größer ist die Arbeitszeit der Hausinduftriellen in den Gegenden, deren wirthschaftliche Verhältnisse Sax zum Gegenstande seiner Untersuchungen gemacht hat. Nach seinen Berichten ist in der Griffelinduftrie, sowie in der Meerschaum- und Pfeifeninduftrie in Ruhla die 16—17 stündige, bei den Pfeifenstummelschnitzern im Eisenacher Oberland eine 17—18 stündige

---

1) Thun, a. a. O. S. 174.
2) Amtliche Mittheilungen x., XII. Jahrgang, 1887, S. 68.
3) Bein, a. a. O. S. 85.
4) Vgl. auch Bein, a. a. O. S. 381.
5) Bein a. a. O. S. 85, 381 u. 419. Thun I, a. a. O. S. 150. Schnapper-Arndt, a. a. O. S. 86 u. 96. In all diesen Fällen wurde, um die Angabe der Autoren auf die Arbeitszeit i. e. S. zu reduciren, von den von ihnen gebotenen Zahlen eine 1 stündige Mittagspause abgezogen.

und gar in der Spielwaareninduſtrie um Sonneberg während der Saiſon eine 18—20ſtündige Arbeitszeit die Regel.¹) Seine Schilderung der Sonneberger Verhältniſſe zeigt den Gipfel des Elendes: „Beſonders nach der Leipziger Herbſtmeſſe, wenn die preſſanten Beſtellungen kommen oder aus Amerika die telegraphiſchen Nachbeſtellungen ſich jagen, da wird oft mehrere Nächte durchgearbeitet, man kommt gar nicht aus den Kleidern und gönnt dem fieberhaft erregten Körper kaum einige Minuten Ruhe. In ſo dringenden Fällen, wenn der Kaufmann Boten über Boten ſchickt und der gehetzte Arbeiter ſchon die Schiffsglocke zu hören glaubt vom letzten Schiffe, das nach Amerika fährt, da wird alles an die Arbeit geſetzt, was nur eine Hand zu rühren vermag, da muß das älteſte Mütterchen ſo gut zugreifen, wie das kleinſte Kind."

Die Folgen ſolcher unausgeſetzten Arbeit ſind für die Arbeiterin, abgeſehen von den ſanitären und ſittlichen Schädigungen, auf die oben ſchon hingewieſen worden iſt, wie oben hervorgehoben, ſpecifiſch ſolche, die ſich auf ihre Stellung in der Geſellſchaft beziehen. Die Arbeiterinnen ſind entweder ſchon Gattinnen und Familienmütter oder ſind doch wenigſtens hierzu berufen. Wo bleibt aber, wenn ſie oft ſchon als Schulkinder während der ſchulfreien Stunden zur Arbeit herangezogen und nach Verlaſſen der Schule von früh ohne weſentliche Unterbrechung bis tief in die Nacht induſtriell beſchäftigt werden, für ſie die Möglichkeit, die unendlich mannigfaltigen und ſchwierigen Pflichten des Hausfrauenberufs würdigen und ausüben zu lernen? Die Hausinduſtrie iſt in dieſer Hinſicht in nichts beſſer geſtellt, als die Fabrikthätigkeit, eher wäre das Gegentheil zu behaupten. Von den verſchiedenſten Seiten wird dies beſtätigt. „Eine tüchtige Korbflechterin," heißt es im Berichte des landwirthſchaftlichen Lokalvereins Redwitz vom Auguſt 1861, die Förderung der Weidencultur betreffend, „wird ſelten eine tüchtige Hausfrau — ſie kann nicht ſtricken, kochen, nähen ꝛc. Die Korbſtrickerin muß alle die kleinen Bedürfniſſe, die eine gewandte Hausfrau ſich ſelbſt verſchafft, mit großen Opfern beſchaffen, die den Korbflechtereiverdienſt bei weitem überwiegen."

Neben der Erhöhung des Ausgabebudgets zeigt die Unwirthſchaftlichkeit der Hausfrau aber vor allem Mißſtände auf dem ſittlichen und ſocialen Gebiete. Dieſe treten beſonders in der fabrikarbeitenden Bevölkerung hervor. Der Mann, der, von der Fabrikarbeit zurückgekehrt, ſeine gewiß geringen Anforderungen an eine geordnete Häuslichkeit zu ungenügend befriedigt findet, geht ins Wirthshaus und gedenkt ſeiner Familie nur als eines läſtigen Ballaſtes, den durch das Leben zu ſchleppen ihn ungerechte Geſetze nöthigen. Die Kinder wachſen ohne Zucht und ohne gutes Beiſpiel auf und nehmen früh die Keime der Unzufriedenheit, der Mißachtung jeder Autorität, die ihren Neigungen entgegentritt, in ſich auf. Hier iſt mit die Urſache des Proletariats zu ſuchen, ebenſo wie andererſeits der Einfluß der Schule, von dieſem Geſichtspunkt aus betrachtet, die höchſte Würdigung

---

1) Say, a. a. O. I, S. 90; II, S. 52, 58 u. 70 und I, S. 43. — Jahresberichte der kgl. ſächſ. Gewerbe- und Berginſpectoren für 1886, S. 65.

findet. Bei der Hausindustrie allerdings fallen diese letzteren Schattenseiten zum Theile weg, weil der Betrieb selbst die Familienglieder aneinanderkettet und die Kinder stets auf ihre Abhängigkeit von den Eltern hinweist. Hierin mag auch mit einer der Gründe für die beispiellose Zufriedenheit und Anspruchslosigkeit der hausindustriellen Bevölkerung zu suchen sein, die der Verfasser selbst zu beobachten die Gelegenheit hatte und die er durch anderweite Berichte bestätigt findet. Freilich in Fertigkeiten, die vom hausindustriellen Betriebe nicht verlangt und verliehen werden, bekommen die Kinder auch hier keine Anleitung wegen Mangels an Zeit und der Unfähigkeit der Eltern zu diesem Lehramte. Von Wichtigkeit ist dies besonders für die Mädchen, welche ihrerseits später zur Führung einer eigenen Hauswirthschaft zu geringe Kenntnisse mitbringen. So berichtet Schnapper-Arndt (a. a. O. S. 94) die Klage eines Lehrers kurz nach der Einführung der Filetarbeit auf dem hohen Taunus: „Das weiß ich, daß noch kein Drittel der Schulmädchen einen Strumpf ordentlich stricken, stopfen und flicken, einen Tuch- oder Kattunlappen auf zerrissene Hosen und eine außer Zusammenhang gerathene Schürze in angemessener Weise setzen kann, ohngeachtet man in Häkel- und Filetarbeiten hierorts große Geschicklichkeit erlangt hat. Daß aber die Mütter der anderen zwei Drittel Mädchen ihre Töchter in den erwähnten, unerläßlichen Fertigkeiten unterweisen können, würde ich gar so gerne glauben, wenn ich nur mehr augenscheinliche Beweise dafür hätte."

Eine Schädigung des Familienlebens wird, abgesehen von der bisher besprochenen übermäßig langen Arbeitszeit, noch herbeigeführt durch die Arbeit an Sonn- und Feiertagen. Ihre Folgen liegen fast ganz ausschließlich auf dem ethischen Gebiete. Die schon durch den Dekalog geforderte Enthaltung der Arbeit nach sechs mühevollen Tagen ist in unserer schnell hastenden Zeit sicherlich noch mehr eine Nothwendigkeit als vor Tausenden von Jahren. Von dem Schaffen und Ringen und dem täglichen Erwerb muß der Arbeiter einmal in der Woche ausruhen, um sich auf sich selbst zu besinnen und sich wieder klar zu machen, daß er die Arbeit nicht um ihrer selbst willen betreibt, sondern um durch sie den sittlichen Idealen gerecht zu werden. Mehr noch als der männliche bedarf dies der weibliche Arbeiter. Wie wir schon sehen werden, muß überhaupt jegliche gewerbliche Thätigkeit der Frau, soweit sie nicht zur unmittelbaren Befriedigung eines Bedürfnisses der eigenen Familie dient, als ein anormaler Zustand angesehen werden, weil der durch die Natur, d. h. die Entwickelung der Menschheit ihr zugewiesene Beschäftigungskreis die Familie ist und höchstens noch die Beschäftigungsarten, welche eine Bethätigung der im Familienleben sich entfaltenden Charaktereigenschaften gestatten. Wird nun die Arbeiterin durch die wirthschaftlichen Verhältnisse gezwungen, während sechs Tagen in der Woche in einer ihrem natürlichen Berufe widersprechenden und ihre körperlichen und geistigen Eigenthümlichkeiten wenig entwickelnden oder wohl gar unterdrückenden Weise thätig zu sein, so muß ihr wenigstens ein Tag in der Woche gegönnt sein, an dem sie ihre Pflichten ihrer Familie und sich selbst gegenüber nach bestem Können erfüllen und das Versäumte mehr oder weniger nachholen kann. Die bestehenden

Verhältnisse entsprechen aber dieser Forderung keineswegs. Zunächst können gesetzliche Vorschriften sich ja nur auf den Fabrikbetrieb im weitesten Sinne (also incl. Bergwerkbetrieb ꝛc.) beziehen. Ferner ist der Grundsatz, daß die Sonn- und Festtage der Andacht und inneren Sammlung, also der vollkommensten Ruhe von der Arbeit und von den Geschäften gewidmet sein solle, in Deutschland von der Landes- ꝛc. Gesetzgebung nur von einer beschränkten Anzahl der Bundesstaaten anerkannt worden.[1])

Die Klagen der Fabrikinspectoren beziehen sich daher auch meist nur auf dieses Gebiet mit gesetzlich verbotener Arbeitszeit. Von diesbezüglichen Verhältnissen der übrigen Gebiete fehlen jegliche amtliche Berichte. Der Verfasser, der seine Jugend in der industriereichen Gegend des Meininger Oberlandes verlebt hat, also einer Gegend, in welcher nur die öffentliche und geräuschvolle Arbeit während der Sonn- und Feiertage gesetzlich verboten ist, kann von den Fabrikbetrieben dieser Gegend berichten, daß sie nur in sehr flotter Saison die Stunden vor dem Vormittagsgottesdienste zur Arbeit verwandten. Andrerseits ist ihm öfter hier die freiwillige Sonntagsarbeit einzelner Arbeiterinnen aufgefallen. Die Betreffenden haben über dem zur Hauptgewohnheit gewordenen Erwerbe ihre eigentliche Frauenstellung in der Gesellschaft vollkommen vergessen, sind fast zu Maschinen herabgesunken. Ob diese Thatsache schon öfter beobachtet worden ist, ist dem Verfasser unbekannt. — Ungünstiger auch in dieser Beziehung liegen die Verhältnisse in der Hausindustrie. Zunächst kennt der Verfasser keine Hausindustrie ohne Sonntagsarbeit. In allen hausindustriellen Betrieben wird Sonntags gearbeitet, wenn auch natürlich in den bei weitem meisten Fällen nur während eines Theiles des Tages. Die diesbezüglichen, in der Fachliteratur aufgeführten Fälle beziehen sich auf Waltershausen bei Sonneberg und die mit Korbflechterei beschäftigte Bevölkerung in Oberfranken.[2]) Die Verhältnisse der letzteren Gegend sind wiederum typisch für die Hausindustrie. „Selbst am Sonntag wird gearbeitet; man richtet Vormittags ein wenig zu, d. h. durch fünf Stunden, von sechs bis elf, um Montags in aller Frühe gleich wieder beginnen zu können. Nur am Sonntag Nachmittag wird geruht, ebenso zu Weihnachten, Neujahr, Ostern und Pfingsten je einen Tag." Die furchtbare Concurrenz in der Hausindustrie veranlaßt eben die einzelnen Arbeiter, selbst die nothwendigen Ruhepausen mit gewerblicher Thätigkeit auszufüllen, und wären nicht Gesetz und Sitte so strenge Wächter für die Aufrechterhaltung der Heiligkeit jener oben aufgezählten Festtage, so hätte auch sie wohl schon lange der haftende, fast zur Maschine herab=

---

1) Nämlich von Preußen in den Provinzen Posen, Schlesien, Sachsen, Rheinland, Westfalen, ehemaliges Herzogthum Nassau, Regierungsbezirk Stettin (bis hier=her Verbot nur der Fabrikarbeit), im Gebiete des ehemaligen Kurfürstenthums Hessen, des Bisthums Fulda, von Hessen-Homburg und in der Stadt Kassel. Ferner in ganz Sachsen, Württemberg und in den beiden Mecklenburg, Sachsen-Altenburg, Coburg-Gotha, Anhalt, Schwarzburg-Rudolstadt, in den beiden Reuß und in Elsaß-Lothringen. Die übrigen Staaten begnügen sich entweder mit dem Schutze des öffentlichen Gottesdienstes oder höchstens mit dem Schutze der öffentlichen Feier des ganzen Sonn-, bezw. Festtages.

2) Sax, a. a. O. I, S. 40; III, S. 58.

gesunkene Hausindustrielle zur Arbeit verwandt. So geben die bestehenden Verhältnisse dem weiblichen Theile der Familie wenigstens hie und da Gelegenheit zur Erfüllung ihrer eigenthümlichen Pflichten, wenn auch von einer Ausbildung in denselben nicht die Rede sein kann.

Die Folgen der bestehenden Arbeitszeit stehen also hinsichtlich ihrer Schädlichkeit für die Persönlichkeit der Arbeiterin den bisher betrachteten kaum nach und übertreffen sie bezüglich ihres directen Einflusses auf das Wohl der Gesellschaft. Die bisher gegen sie ergriffenen Maßregeln können nur als Versuch einer Regelung angesehen werden. Strictes Verbot der Sonntags- und der regelmäßigen Nachtarbeit können hier allein helfen.[1]) In England sind diese Forderungen schon lange praktisch durchgeführt. Das für uns Abschreckende des englischen Sonntags ist „nicht die Ruhe von der Arbeit, welche in weitestem Umfange eintritt, sondern allein der Umstand, daß dem Volke wenig Gelegenheit zur Unterhaltung und Freude am Sonntag geboten, daß das Princip der Sonntagsruhe überspannt und auch auf diejenigen ausgedehnt ist, welche solche Unterhaltung und Freude gewähren und den arbeitslosen, leicht verödenden Tag erheitern könnten. Nehme man doch diese vom Verbote der Sonntagsarbeit aus! Es bleibt dann noch für die Hauptmasse der Arbeitenden das Ideal der Sonntagsruhe bestehen, welches, auch nach dem verpönten englischen Muster, zu erstreben ist."[2]) Die Hausindustrie ist leider auch in dieser Hinsicht den Einwirkungen gesetzlicher Maßregeln fast ausnahmslos entzogen.

Als letzter, für die Lage der Arbeiterin maßgebender Hauptfactor kommt noch in Betracht die Abhängigkeit der Arbeiterin von fremden Persönlichkeiten, speciell das Truckunwesen.

Dem Einflusse dieses Factors sind wir bei Besprechung der übrigen schon öfter begegnet, weil er in fortwährender Wechselwirkung mit ihnen steht und ihre Folgen oft ins Ungemessene steigert. In Betracht kommt hier vor allem die Abhängigkeit vom Krämer und die von ihrem Arbeitgeber. — Es ist eine allgemeine Erscheinung, daß theils infolge der Noth, zum größeren Theile wegen mangelnder wirthschaftlicher Bildung das Waarenkaufen auf Kredit gerade unter der Arbeiterbevölkerung die weiteste Verbreitung hat. Hiervon macht natürlich auch die Arbeiterin keine Ausnahme. Nun sind aber in Geschäften mit Borgsystem aus leicht begreiflichen Gründen die Preise der Waaren im Verhältnisse zur Qualität sehr hoch. Nach dem auf sorgfältigen Untersuchungen basirenden Berichte van der Borght's[3]) ergaben sich in Aachen folgende Aufschläge im Detailverkaufe:

---

1) S. auch die Ausführungen hierüber Seitens praktischer Aerzte im „Tageblatte der 58. Versammlung deutscher Naturforscher und Aerzte in Straßburg, 18. bis 23. September 1885", S. 333 ff.

2) Soetbeer, Die Sonntagsarbeit im Deutschen Reiche. Conrad's Jahrb., N. F., Bd. 17, S. 301.

3) Der Einfluß des Zwischenhandels auf die Preise. Leipzig 1888. S. auch Frankenstein, a. a. O. S. 25.

Kaffee	6,10—6,50	Proc.	Erbsen	30	Proc.
Roggenbrot	10—34	„	Reis	25	„
Weizenmehl	17	„	Butter	13—22	„
Hafergrütze	31	„	Rüböl	3—16	„
Sago	31	„	Steinkohlen	120	„
Bohnen	23	„	Petroleum	22	„

Bei den von der arbeitenden Bevölkerung gewöhnlich bevorzugten kleinen Krämern sind diese Aufschläge wegen der Zins- und Risikoprämien des Verkäufers und der noch größeren Unkenntniß Seitens der Arbeiterin von der Güte der Waaren noch größer; natürlich zumeist in der Form, daß die Arbeiter für denselben Preis eine noch geringere Qualität der Waaren erhalten als bei den größeren Detaillisten.

Außerdem ist natürlich die Arbeiterin, die größere Posten auf Borg einem solchen Geschäfte entnommen hat, ihren Bedarf an den von dem betreffenden Ladeninhaber geführten Gebrauchsgegenständen von diesem auch fernerhin zu entnehmen verpflichtet. So liegen die Verhältnisse nach den Berichten von Frankenstein in den größeren Städten, und zwar gleichgültig für Fabrikarbeiterinnen und hausindustriell Thätige. Auf dem Lande liegen die Verhältnisse etwas günstiger. Es kommt hier in Betracht, was oben über die verschiedenen Wohnungsverhältnisse der Arbeiterin in Stadt und Land gesagt worden ist, und welche bezüglich der letzteren in dem Worte Thun's zusammengefaßt werden können: „(Auf dem Lande) bleibt das Weib (d. h. das arbeitende Weib) stets ein Glied des Hauswesens, von welchem es in der Stadt losgelöst ist" (a. a. O. I, S. 153). Dieser enge Zusammenhang mit ihrer Familie gäbe ihr eine breitere wirthschaftliche Grundlage. Die meisten ihrer wirthschaftlichen Bedürfnisse finden ihre Befriedigung durch die Familie, und andererseits werden auch ihre Ausgaben von derselben mehr oder weniger controlirt, so daß eine directe Abhängigkeit der ländlichen Arbeiterin von Krämern wohl selten vorkommt. Sie wird auch nirgends gemeldet. Die Berichte der Fabrikinspectoren beziehen sich auf diese Verhältnisse allerdings überhaupt nicht. Allein auch in der übrigen Literatur ist in dieser Beziehung keine Klage laut geworden. Das bisher Gesagte gilt aber nur von den Fabrikarbeiterinnen. Bezüglich der Hausindustrie dagegen[1]) ist dieser Factor von der weittragendsten Bedeutung. Ihre niedrigen Löhne und die schon früher betonte Unwirthschaftlichkeit der weiblichen Mitglieder führen die hausindustriellen Haushaltungen fast mit Nothwendigkeit zu dem Kaufen auf Borg: „Auf dem Dorfe ist der regelmäßige Gang, daß die Leute die Woche hindurch ihren Aufwand und die Lebensmittel bei Kleinkrämern holen und dort alles theurer bezahlen (25—33 Proc.). ... Am Sonntag erfolgt die Abrechnung im Kramladen, dabei bleiben die Leute regelmäßig hängen, weil es niemals langen will." [2])

---

[1]) Die Näherinnen xc., die wir überhaupt in unserer Darstellung wenig berücksichtigt haben, trifft folgende Darstellung nicht. Da dieselben, viel begehrt, hohe Löhne erhalten, haben sie auch durch die Art ihrer Arbeit, die sie mit den Angehörigen aller Gesellschaftsstufen in Berührung bringt, so viel wirthschaftliche Einsicht, daß sie obiger Gefahr leicht entgehen.

[2]) Sax, a. a. O. I, S. 50.

Zu diesem Erfolge trägt auch der Arbeitgeber direct bei durch eine ungeeignete Art der Lohnauszahlung. Wenn der Hausindustrielle erst alle 14 Tage, 3 Wochen oder gar erst am Ende jedes Monats seinen Lohn ausgezahlt erhält, woher soll er das Geld für die in der Zwischenzeit an ihn herantretenden nothwendigen Anschaffungen bekommen? Er muß eben borgen. Und eine Folge dieses Systems ist, neben der directen materiellen Schädigung, noch eine Leichtfertigkeit und Lüderlichkeit des Industriellen, welche auch materiell auf sein Einkommen zurückwirkt. Diese Verhältnisse finden sich, wie gesagt, vorzugsweise auf dem Lande, und zwar zumeist in der Hausindustrie. Der Verfasser hat sie aber auch schon hie und da bei kleinen Betrieben, die mehr den Charakter größerer Werkstätten trugen, gefunden, und zwar waren in diesen Betrieben die Arbeiter entweder ausschließlich oder wenigstens in weit überwiegender Zahl weiblichen Geschlechts. Der Fabrikinspection sind diese Erscheinungen jedenfalls entgangen.

In manchen Fällen werden immer noch hie und da die Kramläden, aus denen der Arbeiter seinen Bedarf befriedigt, von seinem Brotherrn gehalten, woraus sich wieder eigenthümliche Gefahren für den letzteren ergeben. Einmal ist es trotz des diesbezüglichen Verbotes der Gewerbeordnung immer noch hie und da Gebrauch, den Arbeiter mit Gebrauchsgegenständen, namentlich Nahrungsmitteln, abzulohnen. Bezüglich des Bezirkes Lichtenfels berichtet der controlirende Beamte aus dem Jahre 1882: „Das sogenannte Trucksystem existirt bei vielen Arbeitgebern ... Neben den verschiedenen Rohmaterialiensorten ... wird dem Arbeiter Kaffee, Zucker, Tabak, Cigarren ꝛc. an Zahlungsstatt gegeben (und es kann nach dem Berichte von 1881 der Arbeiter in die Lage kommen, Waaren annehmen zu müssen, für die er selbst keine Verwendung hat, sondern die er selbst erst zu Geld machen muß), so daß mancher Arbeiter vom Arbeitgeber nach Ablieferung seiner Waare nur noch einen gar geringen Geldbetrag erhält, der kaum hinreicht, die absolut nöthigen Nahrungsmittel, wie Brot, Mehl, Milch ꝛc. zu kaufen ... Kein Arbeiter wagt es, die ihm an Geldesstatt angebotenen Materialien und Genußmittel zu refüsiren. Er fürchtet, daß er, wenn er dies thäte, die Kundschaft verlöre und seine Körbe weder bei dem betreffenden Händler, noch bei anderen Berufsgenossen desselben absetzen könne. Deshalb, weil der Arbeiter von Hand zu Mund lebt und sofort bei Uebergabe seiner Producte die Bezahlung oder Befriedigung hierfür will und darauf wartet, läßt er sich auf Verhandlungen oder Betretung des Rechtsweges nicht ein, sondern liefert wieder weiter und tröstet sich damit, daß er das nächste Mal vollständig in Geld ausgelöhnt wird."[1]) Der inzwischen auf der Versammlung der Korbhändler vom 22. Mai 1884 gefaßte Beschluß des Verzichtes auf das Waarenzahlen ist sicherlich in seinen Folgen illusorisch geworden durch einen Beschluß der Strafkammer I. des Landgerichts Meiningen vom 8. December 1884, dahin lautend, daß ein wegen eines Vergehens gegen § 115 der Gewerbeordnung verklagter Korbhändler kostenfrei außer Verfolgung zu setzen sei, weil er

---

1) Sax, III, S. 67.

„nicht durch Lohnarbeiter Korbwaaren habe verfertigen lassen, sondern dieselben von selbständigen Korbflechtern gekauft habe, daß demnach ein Kaufgeschäft in Frage stehe, auf welche die §§ 115 ff. der Gewerbeordnung keine Anwendung fänden." [1]

Mag diese Form des Trucks auch selten sein wegen der doch immerhin großen Leichtigkeit des gesetzlichen Nachweises, so hat eine andere um so größere Verbreitung, weil ihr wahres Wesen vor dem Gesetze leicht verschleiert werden kann. Dieser Fall tritt dann ein, wenn die Arbeitgeber in ihren Läden die zur Herstellung der von ihnen bestellten Waaren nöthigen Rohproducte feilhalten. Dies betrifft Haus- und Fabrikbetrieb gleichermaßen. Was ist auch natürlicher, als daß der Unternehmer oder Verleger die Rohstoffe kommen läßt und unter die Arbeiter vertheilt, um wegen der Güte und Gleichartigkeit des Materials sicher zu gehen? Die Sache würde auch keiner Besprechung bedürfen, wenn nicht der betreffende Unternehmer in ihr oft das Mittel sähe, das Einkommen des Arbeiters zu seinen Gunsten herabzudrücken. Er giebt die Rohstoffe an die Arbeiter nicht ab für den Selbstkostenpreis, vielleicht mit einem entsprechenden geringen Zuschlage für Verwaltung und Risiko, sondern macht aus der Lieferung an die Arbeiter ein förmliches Geschäft, bei dem der zur Abnahme verpflichtete Arbeiter natürlich den Schaden trägt. Mögen auch die Berichte von Sax[2]) von einem Aufschlage von 50 Proc. etwas übertrieben sein, so berichten doch die diese Verhältnisse ins Auge fassenden Untersuchungen sämmtlich über unverhältnißmäßig hohe Aufschläge, so daß die Preise in diesen Läden 10—15 Proc. höher sind, als die ortsüblichen. Die für Beurtheilung dieser Verhältnisse höchst wichtigen Ergebnisse der Erhebungen über die Lohnverhältnisse der in der Wäschefabrikation und Confectionsbranche beschäftigten Arbeiterinnen 2c., denen schon oben eine Reihe von Daten entnommen ist, bestätigen diese Thatsache in vollem Umfange. Ein Bericht aus Chemnitz führt folgende charakteristische Beispiele an: „Wenn der Arbeitgeber den Zwirn an die Näherin abliefert, so berechnet er denselben mit einem Nutzen von 15 Proc. Nach einer anderen Aussage war der vom Arbeitgeber empfangene Zwirn im Detailhandel in gleicher Güte um 16⅔ Proc. billiger zu haben." [3]) Ueber die näheren Umstände, unter denen die Abrechnung vorgenommen wird, berichtet Herkner[4]): „Am Zahltage wird der Betrag der im Laufe der zwei Wochen entnommenen Waaren am Lohne in Abzug gebracht, selbst wenn kein Pfennig zur baaren Auszahlung übrig bleiben sollte."

Allein dies ist nicht die einzige und nicht die schlimmste Art, auf welche selbstsüchtige Arbeitgeber die von ihnen abhängigen Arbeiterinnen auszubeuten wissen. Die Behauptung klingt ungeheuerlich, aber sie ist dennoch wahr: Es giebt Fälle, und sie sind nicht allzu selten, wo die Arbeitgeber oder ihre Bekannten ihre Stellung zu Attentaten auf die Ehre

---

1) Acten des kgl. Bezirksamtes Lichtenfels. S. auch Sax, a. a. O.
2) Sax, a. a. O. III, S. 66.
3) Ergebnisse, a. a. O. S. 722.
4) Herkner, a. a. O. S. 351.

ihrer Arbeiterinnen ausnutzen, sei es nun, daß sie diese veranlassen, durch die Prostitution ihr geringes Einkommen aufzubessern, oder daß sie sie zur Befriedigung ihrer eigenen Begierden benutzen. Die ersteren Fälle mögen selten sein. Daß sie aber vorkommen, beweist folgende Stelle einer ihrerzeit Aufsehen machenden Schrift[1]): „(Der Verfasserin) ist selbst ein Fall bekannt, in welchem ein junges Mädchen, von der Noth getrieben, in eins der größten Confectionsgeschäfte einer Hauptstadt als Verkäuferin eintrat. In demselben wurden die Mädchen sehr schlecht bezahlt. Der Principal erklärte ihnen, ‚er könne ihnen nur wenig Lohn geben, ihr hübsches Aeußere müsse ihnen mehr verdienen.‘ Die Betreffende wurde von ihrem Principale dringend veranlaßt, in seiner Equipage nach Hause zu fahren, im Weigerungsfalle habe sie sofortige Entlassung zu gewärtigen, und sah sich damit wieder der Existenzmittel beraubt." In den meisten Fällen wird es, da dergleichen Nöthigungen natürlich fast nur in größeren Städten an die Arbeiterinnen herantreten, zur Prostituirung der Arbeiterinnen solcher Gelegenheitsmacherei Seitens der Principale gar nicht erst bedürfen. Die Noth thut, wie wir schon oben gesehen haben, hierfür schon übergenug.

Wohl noch empörender ist, wie schon erwähnt, die Thatsache, daß bisweilen die Fabrikherren selbst ihren Arbeiterinnen nachstellen. Ueber die diesbezüglichen Verhältnisse in Oberelsaß berichtet Herkner[2]), er sei „betroffen gewesen, über die — nach den von ihm vernommenen Klagen der Arbeiter zu urtheilen — nahezu allgemeine Verbreitung dieser schmachvollen Zustände. Nach jenen Klagen müssen schon jene Fabriken als günstig bezeichnet werden, in welchen die Attentate wenigstens nur von Werkmeistern und Directoren ausgehen und beim Chef eine Klage darüber angebracht werden kann. Aber zuweilen sind es die Chefs selbst, welche die Sittlichkeit ihrer Arbeiterinnen zu Falle bringen, was ihnen bei ihren überwältigenden Machtmitteln gegenüber jenen hülflosen Geschöpfen freilich gar leicht wird. Ob ihre Opfer verheirathet sind oder unverheirathet, gilt den nach ihnen Lüsternen ganz gleich." Dergleichen kann natürlich nur in Fabrikbetrieben vorkommen. Allein zur Kenntniß der beaufsichtigenden Beamten kommt es natürlich nur in den allerwenigsten Fällen.

Daß aber dergleichen Verhältnisse nicht nur im Oberelsaß sich finden, dafür glaubt der Verfasser, der in dieser Beziehung die öffentliche Meinung in verschiedenen Theilen Deutschlands erkundet hat, einstehen zu dürfen.

Wir sind mit unserer Schilderung der socialen Gefahr der Arbeiterin im heutigen Wirthschaftsorganismus zu Ende. — Welches sind nun die Zielpunkte der Reform? In welcher Richtung haben sich die Reformvorschläge zu bewegen? Welche Abänderungen in den bisherigen Verhältnissen will man durch eventuelle Verbesserungsvorschläge herbeigeführt wissen? — „Es kann nicht darauf ankommen, daß das Weib für sich so glücklich werde, als möglich, sondern daß es die Gesellschaft, die Nation, die Menschheit werde:

---

1) Zur Lösung der socialen Frage durch die Frau. Von einer deutschen Frau Berlin 1878. Puttkammer und Mühlbrecht, S. 41.

2) a. a. O. S. 305.

unter anderem auch mit seiner — des Weibes — Hülfe, und es selbst (nach Verdienst) mit eingeschlossen.[1])

Dem Weibe also, speciell in unserem Falle der Arbeiterin, diejenige Stellung zu verschaffen, in welcher sie der Gesellschaft, von der sie selbst ein Theil ist, die größten Dienste zu leisten vermag, diesen Gesichtspunkt müssen Verbesserungsvorschläge verfolgen. Unsere Frage zerfällt also in die Unterfragen: 1) Welche Stellung weist die heutige Culturentwickelung der Frau überhaupt an? 2) Wie modificirt sich dieses Ideal für die Arbeiterin?

Die Stellung der Frau basirt auf einer, schon in den frühesten literarischen Denkmälern anerkannten scharfen Trennung der Geschlechter in ihren gesellschaftlichen Functionen, die ihrerseits auf der Gegensätzlichkeit der Functionen bei der Zeugung und infolge davon auch des seelischen Lebens beruht. Dieses Verhältniß in seinem heutigen Entwickelungsstadium hat durch Erdmann[2]) eine poetische, aber nicht minder streng wissenschaftliche eingehendere Ausführung erfahren, auf die der Kürze halber hier nur verwiesen werden kann. Seine Ausführungen gipfeln in dem Satze, „daß von Natur die Frau bestimmt ist, das in sich Einige, mit sich Identische und innerlich Gehaltene darzustellen..., während der Mann den Menschen von seiner negativen Seite zeigt, indem in ihn das Unbefriedigt- und Zerrissensein fällt, welches überhaupt zur Thätigkeit nach Außen führt."[3]) Diese Gegensätzlichkeit des geistigen Lebens drängt zu einem Ausgleiche hin, der seinen Ausdruck findet in der Familie. Die Familie ist die Einheit, der Mikrokosmos, auf welchem sich die Gesellschaft aufbaut. Sie allein zeigt in vollster Vollendung die doppelte Seite des menschlichen Lebens: Die eine, welche in rastlosem Kampfe mit der Natur ihr entreißt, wessen das Ganze zu seiner Erhaltung bedarf und sie sich geistig unterwirft — der Mann —, während das Weib seine Aufgabe findet in der Ausgestaltung des inneren Lebens und in der dauernden Erhaltung der inneren Harmonie und jenes schönen Gleichgewichtes, das beruhigend und erfrischend auf den Mann zurückwirkt und ihm zu weiterem Schaffen Muth und Kraft verleiht. Es bedeutet eine vollkommene Unkenntniß aller gesellschaftlichen Entwickelung, wenn man, dem individualistischen Zuge der Zeit folgend, im Anfange der 70er Jahre in dieser Stellung der Frau eine „Ungerechtigkeit" erblickte und, wo es nur anging, die Frau in die Oeffentlichkeit zu ziehen bemüht war. Hätten sich diese Schwärmer für allgemeine Freiheit und Gleichheit die Wahrheit klar gemacht, daß mit jeder höheren Entwickelungsstufe eine größere Differenzirung in den Functionen der einzelnen Individuen eintreten muß, so hätten sie nicht ihre das Weib und die ganze menschliche Gesellschaft auf die Stufe der niedrigsten Organismen herabdrückenden und allem Augenscheine ins Gesicht schlagenden Forderungen aufgestellt. Die in neuerer Zeit ausgesprochene abgeschmackte Forderung, die Arbeiterinnen sollten sich analog den männlichen Arbeitern mittels

---
[1]) Laas, Zur Frauenfrage. Deutsche Zeit- und Streitfragen, Heft 184, S. 5.
[2]) Psychologische Briefe, a. a. O. 5. Kapitel.
[3]) a. a. O. S. 83.

Arbeiterinnen-Innungen einen festen Rückhalt schaffen, ist die nothwendige Consequenz dieser Anschauung. Die Pflichten des Weibes in der Familie stehen, wenn sie mit Ernst in ihrem vollen Umfange erfaßt werden, in allen Gesellschaftsschichten denen des Mannes wenigstens gleich, und was ihre Bedeutung für das öffentliche Leben anlangt, so möge nur an den Einfluß eines geordneten Hauswesens auf das Schaffen eines Mannes, an den unendlichen Segen, den eine sorgsame und liebevolle Erziehung der Kinder im Gefolge hat, erinnert werden. Die Familie hat allerdings auch ihre Entwickelung. Diese geht aber nicht dahin, daß sie sich auflöst, sondern daß sie sich verinnerlicht, sich vertieft. Von der Thätigkeit der Frau in der Familie werden mehr und mehr die Functionen ausgeschieden, welche dem äußeren Leben näher stehen, und werden ersetzt durch solche, welche zu einer reicheren Ausgestaltung des inneren Lebens beitragen.

Dieses sind die Ziele der Entwickelung des Frauenberufes im Allgemeinen. Ihm stehen die Verhältnisse der verschiedenen Bildungsklassen verschieden nahe.[1]) Diese Bildungsklassen sind natürlich von vornherein nicht identisch mit irgend welchen Erwerbs- oder Standesklassen und können nicht scharf von einander geschieden werden. A priori können aus allen Erwerbs- und Standesklassen sich sowohl die obersten wie die untersten Bildungsklassen recrutiren. Das Kriterium für die Angehörigkeit zu diesen oder jenen ist vielmehr ausschließlich das Maß sittlicher und geistiger Ausbildung des Einzelnen. Es bedeutet keinen Widerspruch hier gegen die Thatsache, daß den höheren Bildungsstufen die vornehmlich durch geistige Arbeit und sittliches Wirken Thätigen, im Erwerbsleben also vor allem die Arbeitgeber angehören, während die durch ihre physische Kraft Erwerbenden sich in den niederen finden. Es ist dies einfach die Folge ihrer Hauptbeschäftigung. Infolge dessen kann man aber auch von einer Durchschnittsbildung des gesammten Arbeiterstandes, und zwar natürlich viel eher, als von einer Durchschnittsbildung des Standes der Arbeitgeber reden. Wie nun aber die sittlichen Anschauungen sowohl der Einzelnen wie ganzer Gruppen ihren ersten und natürlichsten Ausdruck finden in der jeweiligen Stellung der Frau, der Arbeiterstand aber eine weniger geläuterte Bildung besitzt, sind auch die von ihm hinsichtlich der Stellung der Frau erstrebten Ziele weniger hoch gesteckt als die der höchsten Bildungsschichten. Sein Ideal in dieser Beziehung ist die Herstellung oer sich schon in den höheren Bildungsschichten findenden Verhältnisse, welche den Frauen die gesammte Sorge um den äußeren Erwerb abnehmen und ihnen die Verwaltung des Einkommens und die Pflege und den Ausbau der Familie zuweisen.

Die Annäherung an dieses Ideal ist, wie sich aus Vorstehendem leicht ergiebt, nur auf dem Wege gesteigerter Bildung möglich. Die sittlichen und geistigen Fähigkeiten der Arbeiter männlichen und weiblichen Geschlechts müssen durch Lehre und gutes Beispiel gehoben und es muß dadurch ein gesteigertes Bedürfniß nach Familienhaftigkeit wachgerufen werden.[2]) Das

---
1) An diesen Bildungsklassen läßt sich genau die Entwickelung der Ideen, welche heute von der obersten erstrebt werden, erkennen.

2) Daß nicht eine Steigerung des Lohnes, sondern nur eine Wiederherstellung des Familienlebens der Arbeiter das erstrebenswerthe Ziel sein muß, hat schon Jules

Haupthemmniß, welches diesem Bestreben entgegentritt, ist zu erblicken in der unbedingten Abhängigkeit der arbeitenden Klassen vom Besitze, welcher ohne Rücksicht auf die von ihrer Hände Arbeit Lebenden seine Sonderinteressen verfolgt und durch die Concurrenz selbst genöthigt wird, zur Verminderung der Productionskosten die Löhne der die Arbeit technisch Ausführenden herabzudrücken. Die Niedrigkeit der Löhne in allen den Gewerben, die der Frauenarbeit zugänglich sind, rührt nicht zum geringsten daher, daß die Freiheit des Gewerbebetriebes zu einer Zeit erfolgte, wo die Unentwickeltheit der sittlichen Anschauungen der niedrigsten Klassen die Thätigkeit der Frau unmittelbar im Gewerbebetriebe noch gestattete. Mit dem Augenblicke aber, wo die freie Concurrenz der Unternehmer und der Arbeiter die Frau zum Gewerbebetriebe heranzog, setzte sie ihrer culturellen Entwickelung einen furchtbaren Damm entgegen. Der Erwerb der Frau ist heute zur Erhaltung der Arbeiterfamilie unentbehrlich: Sie muß arbeiten, wenn sie und die Ihrigen nicht Noth leiden sollen. Dies zerreißt die Familie, isolirt die Einzelnen und trägt so direct zur Unsittlichkeit bei. Denn Sittlichkeit gedeiht nur im Schutze der Familie. Abhülfe gegen dieses Grundübel ist denkbar nur durch eine gesetzliche Verpflichtung des Besitzes zur Hülfe gegenüber der Arbeit, welche Bahn von unserer deutschen Gesetzgebung ja schon mit Erfolg beschritten worden ist. Freilich wird sich die nationale Regelung der Arbeiterverhältnisse in einem sehr engen Rahmen halten müssen. Bei jeder Verpflichtung des Besitzes muß sorgsam erwogen werden, ob durch dieselbe nicht die nationale Production dem Auslande gegenüber concurrenzunfähig wird. Letzteres würde aber ein Eingehen der betreffenden Industrie und das Brodloswerden der in ihr beschäftigten Arbeiter, also die allergrößte Noth, im Gefolge haben. Eine internationale einheitliche Regelung der Verhältnisse ist das einzige Mittel, dessen Wirkungen einigermaßen durchgreifende sein könnten. Freilich auch sie nicht in jeder Beziehung. Der Arbeitslohn entzieht sich von vornherein jeder

---

Simon ausgesprochen (Die Arbeiterin. Uebersetzt von Fr. Neßler. Zürich 1862. S. 236 ff.), ebenso, daß dies nur geschehen kann, indem man die Arbeiter zu Männern erzieht. „Weit entfernt, die Arbeiter als unmündig und unfähig zu behandeln, muß man schleunigst dazu thun, Männer aus ihnen zu machen: das Gefühl der persönlichen Verantwortlichkeit bei ihnen zu erwecken; ihre Willenskraft durch Erziehung, Arbeit und Sparsamkeit zu stärken, sie mit den allgemeinen Interessen der menschlichen Gesellschaft enger zu verbinden, indem man es ihnen leichter möglich macht, Eigenthumsrechte zu erwerben. Das ist die einzig wahrhaft freisinnige, wahrhaft menschliche Methode, die einzige, die den Arbeiter zur Familie zurückführen und der Verarmung wirksam entgegensteuern kann, indem man die Lüderlichkeit und Ausschweifung vernichtet." Freilich die Mittel zur Erreichung dieser Ideale kann er nicht angeben, ist juner Noth, „das ewige und nothwendige Gesetz der Arbeit ... die Freiheit: Freiheit für den Arbeiter; Freiheit für das Kapital." Bei dieser Unklarheit seiner die entgegengesetztesten Principien vertretenden Ansicht ist es allerdings nicht wunderbar, wenn er dann fortfährt: „Wird es der Staatswissenschaft gelingen, eine Combination zu finden, welche die Freiheit nirgends verletzt und der Arbeit einen größeren Antheil vom Ertrage zusichert? Wir wollen es hoffen, aber es ist noch keineswegs erwiesen, daß die Verwirklichung einer solchen Hoffnung auch in der That zum Nutzen der Familie ausschlage." Allerdings nicht; denn so lange Simon das wirthschaftliche Leben durch einen theoretischen Compromiß zweier Principien zu regeln sucht, ist das, was für die Familie dabei abfällt, mehr als zweifelhaft.

4*

Regelung. So lange es eine Einheitlichkeit einerseits in den Preisen der zum täglichen Leben nothwendigen Consumtionsgüter, andererseits der Bedürfnisse der Arbeiter sowohl in den verschiedenen Ländern wie in den mit einander verwandten Berufsarten noch nicht giebt, so lange wird auch der Arbeitslohn sich einer allgemeinen Regelung unzugänglich zeigen. Die Löhne speciell der weiblichen Arbeiter widerstreben derselben ganz besonders infolge ihrer fast ausnahmslosen Niedrigkeit gegenüber den Löhnen der gleiche Arbeit prästirenden männlichen Arbeiter. Diese Erscheinung mag ihren Hauptgrund in der geschichtlichen Entwickelung der gewerbsmäßigen Frauenarbeit haben, die jedenfalls anfangs nur als Nebenbeschäftigung (cf. die Hausindustrie) betrieben und als solche gering bezahlt wurde, welches Lohnniveau sie infolge der Heranziehung immer breiterer Volksschichten zur gewerblichen Frauenarbeit beibehielt. Oder sie mag mit begründet sein in der relativen Bedürfnißlosigkeit des weiblichen Arbeiters gegenüber dem männlichen: jedenfalls ist dies nur eine Erklärung dieser Thatsache, keine Rechtfertigung, und ebenso zweifellos bedeutet sie ein weiteres bedeutsames Hemmniß eines jeden Nivellirungsversuches. Nur bezüglich der Arbeitszeit und des Schutzes, resp. Ausschlusses weiblicher Personen können internationale Vereinbarungen getroffen werden. So lange auch diese infolge der politischen Verhältnisse und wegen der verschieden hohen Entwickelung der Industrie in den verschiedenen Ländern noch nicht möglich sind, müssen Verbesserungsvorschläge sich in den nationalen Grenzen halten und werden stets durch die ausländische Concurrenz gebunden bleiben.

Von den so möglichen positiven Vorschlägen ist natürlich keiner eine Panacee für alle Mißstände. Der eine will vielmehr bald diesen, bald jenen abstellen.

Eine Hauptbeachtung hat seit dem Augenblicke, wo man Seitens maßgebender Kreise auf diese Verhältnisse aufmerksam wurde, die Zeit und die Art der Arbeit gefunden.

Auf alle diesbezüglichen Vorschläge einzugehen, welche Seitens einer großen Anzahl politischer Theoretiker gemacht und, weil von einseitig politischen Standpunkten ausgehend, von vornherein undurchführbar sind, ist hier nicht der Ort. Es können hier vielmehr nur die in Betracht kommen, welche die allgemeine Aufmerksamkeit in solchem Maße auf sich gezogen haben, daß sie dem gesetzgebenden Körper als Anträge zugegangen sind, resp. durch ihn Gesetzeskraft erhalten haben. Mit einem Worte, es kann hier nur die den Schutz der erwachsenen weiblichen Arbeiter bezweckende sociale Gesetzgebung zur Erörterung gelangen. Ein Vergleich der deutschen mit der Gesetzgebung der anderen bedeutenderen Culturvölker wird zugleich einen Maßstab geben dafür, was wir schon erreicht und was wir noch anzustreben haben.

In England, dem in industrieller Hinsicht unstreitig ersten Lande der Welt, sind die diesbezüglichen Verhältnisse nunmehr definitiv geordnet durch das Fabrik- und Werkstättengesetz von 1878.[1]) Von seinen Vorschriften sind für unsere Zwecke in kurzen Zügen die wichtigsten folgende:

---

1) Ausführlich ist das Gesetz dargestellt von Bojanowski: Systematische Zu-

Es läßt von vornherein alle häuslichen Werkstätten, d. h. alle Hausinbuſtrie[1]) unberückſichtigt und bezweckt auch für die Fabriken und ſonſtigen Werkſtätten nur eine Beseitigung der mit dem Betriebe verbundenen Gefahren und eine Regelung der Arbeitszeit. Unter Frauen verſteht es weibliche Personen, welche das 18. Lebensjahr zurückgelegt haben.

Der Schutz, den es denselben zugleich mit ihren männlichen Genossen zu Theil werden läßt, erstreckt sich auf die Unschädlichmachung von Gasen, Dämpfen, Staub ꝛc., die im Verlaufe des gewerblichen Verfahrens entſtehen[2]), auf die Einfriedigung von Dampfmaschinen, Wasserrädern[3]) und allen maschinellen Einrichtungen, die dem Arbeiterperſonal gefährlich zu werden drohen.[4]) Speciell den Schutz der weiblichen Arbeiter haben im Auge die Vorschriften über die Schutzvorrichtungen beim Naßspinnen[5]), das Verbot der Reinigungsarbeiten bei Transmissionen, sowie überhaupt der Arbeit zwischen dem festen und umlaufenden Theile einer Maschine.[6]) Hinsichtlich der Regelung der Arbeitszeit ist von Bedeutung die Vorschrift, daß in ständig beschäftigten häuslichen Werkstätten die Anfangs- und Schlußstunde, sowie die Freizeiten dem Fabrikinspector zu melden sind.[7]) Man könnte darin allerdings einen Versuch zur Regelung der hausinduſtriellen Verhältnisse erblicken, wenn nicht Abschnitt 97 dagegen redete.[8])

Ferner sind hervorzuheben: die Einführung des zehnstündigen Arbeitstages, die Regelung der Pausen und das Verbot der Arbeit bei Nacht, während des Sonnabend Nachmittag, des Sonntags und der Feiertage.

Die Modificationen dieser Vorschriften sind verschieden danach, ob das betreffende Etabliſſement in die Kategorie der Textilfabriken[9]) gehört oder nicht. Die Arbeitszeit während fünf Arbeitstagen ist auf 6 oder 7 Uhr Morgens bis 6 oder 7 Uhr Abends festzusetzen, in Textil- und diesen gleichgeachteten Fabriken mit einer zweistündigen, in den übrigen Fabriken mit einer 1½ stündigen Pause.[10]) Die Textilfabriken haber ferner einen 4½ stündigen Arbeitsbann als Norm[11]), der jedoch während des Winters in einer Reihe vom Geſetze[12]) genannter, sowie mit ministerieller Genehmigung in anderen Textil- ꝛc. Fabriken in einen 5 ſtündigen umgewandelt werden kann. Die Arbeitszeit am Sonnabend soll für beide Arten von Fabriken um 2 Uhr Nachmittags ihr Ende erreichen und eine Mahlzeitpause von wenigstens ½ Stunde enthalten.[13])

In anderen als Textilfabriken und in Werkstätten beträgt die Dauer des Arbeitsbannes 5 Stunden.[14])

ſammenſtellung der wichtigeren Bestimmungen des englischen Fabrik- und Werkſtättengeſetzes von 1878 nebſt Erläuterungen. Conrad's Jahrbücher, N. F., Bd. 3, S. 56—79 und 246—260.
1) Abſchn. 16. 2) Abſchn. 3. 3) Abſchn. 5. 4) Abſchn. 67. 5) Abſchn. 37.
6) Abſchn. 9. 7) Abſchn. 12 (2) a und Abſchn. 16.
8) Derselbe befreit von aller staatlichen Aufſicht alle Betriebe, in denen
 1. der Betrieb in der Anfertigung leichter Arbeiten besteht,
 2. derselbe zu unregelmäßigen Zeiten stattfindet und
 3. die Familie auf ihn zur Erlangung ihres Unterhalts nicht gänzlich angewiesen ist (Abschn. 98).
9) Abſchn. 93 am Anfange. 10) Abſchn. 13. 11) Abſchn. 11, Ziffer 6.
12) Beilage 3, Theil VII. 13) Abſchn. 11. 14) Abſchn. 13 und 16, Ziffer 1.

Spätere Anfangs- und Schlußstunden sind in einzelnen Industrien [1]) gestattet [2]), doch muß am Sonnabend stets um 3, resp. 4 Uhr die Arbeit abschließen. [3])

Die wenigen Fälle, in denen Arbeit nach 2 Uhr am Sonnabend Nachmittag zugelassen ist, regeln Abschn. 18 [4]), 47 [5]), 54 [6]) und 16. [7])

Mehrarbeit ist gestattet:

1) In den durch Wasserkraft betriebenen Fabriken, wenn das Werk infolge Wassermangel oder Ueberfluthung dem Stillstande ausgesetzt war. [8])

2) Bei einer Reihe von Betriebsstätten [9]) aus Anlaß unvorhergesehener Umstände und der daraus hervorgehenden Häufung von Aufträgen. [10])

3) In Bleichereien, Färbereien, Zeugdruckereien, Eisenhämmern und Papierfabriken ist eine halbstündige Mehrarbeit zulässig, sofern das gewerbliche Verfahren zu dem angegebenen Zustande sich in einem unvollendeten Zustande befindet. [11])

Ein Verbot der Arbeit existirt hinsichtlich der für die Mahlzeiten angesetzten Zeit, für die Nacht, d. h. für die Zeit von 9 Uhr Abends bis 6 Uhr Morgens [12]), für den Sonnabend Nachmittag (Ausnahmen s. oben) [13]), für den Sonntag [14]) und für die gesetzlichen zwei vollen (erster Weihnachtstag und Charfreitag) und acht halben Feiertage. [15])

Eine vierzehnstündige Arbeitszeit, d. h. von 6, 7 oder 8 Uhr früh bis 8, 9 oder 10 Uhr Abends ist zulässig:

1) Während 48 Tagen im Jahre in einigen Industrien [16]), deren Gegenstände dem Verderbe durch Witterungseinflüsse ausgesetzt sind. [17])

2) Während 96 Tagen im Jahre in einer Reihe Industrien [18]), deren Gegenstände an sich dem Verderben sehr ausgesetzt sind. [19])

3) Während 5 Tagen in der Woche, jedoch nur während 48 Tagen im Jahre in verschiedenen Industrien, deren Zahl durch ministerielle Verordnung vermehrt werden kann. [20])

Eine Verlegung der halben Feiertage auf andere Wochentage ist gestattet. [21])

Als Organ zur Durchführung und Modification des Gesetzes innerhalb gewisser Grenzen functionirt der Staatssecretär des Innern (principal Secretary of State for the Home department) [22]). Diesem sind untergeordnet: das Generalinspectorat (Chief inspector of factories and workshops) für Fabriken und Werkstätten in London, welchem wiederum 5 Oberinspectoren (superintending inspectors), 7 Inspectoren erster Klasse,

---

1) Beilage 3, Theil I. 2) Abschn. 42. 3) Abschn. 43. 4) In Anstalten mit regelmäßig 8 stündiger Arbeit. 5) In Türkischroth-Färbereien bis 4¼ Uhr. 6) In Fabriken jüdischer Unternehmer bis Abends 9 Uhr. 7) Für einzelne Gruppen kann durch ministerielle Verordnung der arbeitsfreie Nachmittag auf einen andern Tag verlegt werden. 8) Abschn. 57. 9) Beilage 3, Theil III, Ziffer 3. 10) Abschn. 53. 11) Abschn. 54. 12) Abschn. 93 und Abschn. 10. 13) Abschn. 11 bis einschl. Abschn. 16. 14) Abschn. 20. 15) Abschn. 22. 16) Beilage 3, Theil III, Ziffer 1. 17) Abschn. 53. 18) Beilage 3, Theil V. 19) Abschn. 56. 20) Beilage 3, Theil III, Ziffer 2 und Abschn. 53. 21) Abschn. 49. 22) Abschn. 96.

33 Inspectoren zweiter Klasse und 10 Inspectorgehülfen (iunior inspectors) unterstehen. — So vorzüglich das Gesetz hinsichtlich des Schutzes der unverheiratheten Arbeiterinnen genannt werden kann, so leidet es doch an dem schweren Mangel, daß es keinerlei Schutzbestimmungen für Wöchnerinnen und Hausfrauen enthält.

In der Schweiz ist eine definitive Regelung des Schutzes der Arbeiterinnen, aber ebenfalls nur der in Fabriken Thätigen[1]), erfolgt durch das Bundesgesetz vom 23. März 1878. Dieses verordnet, daß „zum Schuze der Gesundheit und zur Sicherheit gegen Verlezungen . . . überhaupt alle erfahrungsgemäß und durch den jeweiligen Stand der Technik, sowie durch die gegebenen Verhältnisse ermöglichten Schuzmittel angewendet werden"[2]), verbietet die Reinigung im Gange befindlicher Motoren, Transmissionen und gefahrdrohender Maschinen durch Frauenspersonen und ermächtigt den Bundesrath, diejenigen Fabrikationszweige zu bezeichnen, in welchen schwangere Frauen überhaupt nicht arbeiten dürfen.[3]) „Die Dauer der regelmäßigen Arbeit eines Tages darf nicht mehr als 11 Stunden, an den Vorabenden von Sonn- und Festtagen nicht mehr als 10 Stunden betragen und muß in die Zeit zwischen 6 Uhr, bezw. in den Sommermonaten Juni, Juli und August 5 Uhr Morgens und 8 Uhr Abends verlegt werden... Für das Mittagessen ist um die Mitte der Arbeitszeit wenigstens eine Stunde frei zu geben."[4]) „Frauenspersonen sollen unter keinen Umständen zur Sonntags- oder zur Nachtarbeit verwendet werden. Wenn dieselben ein Hauswesen zu besorgen haben, so sind sie eine halbe Stunde vor der Mittagpause zu entlassen, sofern diese nicht mindestens 1½ Stunden beträgt. Vor und nach ihrer Niederkunft dürfen Wöchnerinnen im Ganzen während acht Wochen nicht in der Fabrik beschäftigt werden. Ihr Wiedereintritt in dieselbe ist an den Ausweis geknüpft, daß seit ihrer Niederkunft wenigstens sechs Wochen verflossen sind."[5]) Der Bundesrath übt die Controle über die Durchführung dieses Gesetzes aus durch ständige Inspectoren.[6])

In Frankreich übernimmt das Gesetz vom 2. Juni 1874 neben dem Schutze der Kinder auch den der Frauen. Es verbietet den letzteren die Arbeit unter Tage[7]) und untersagt den Mädchen von 16—21 Jahren die Nachtarbeit (d. h. von 9 Uhr Abends bis 5 Uhr Morgens) in Hüttenwerken und Manufacturen (usines et manufactures)[8]), außerdem an allen Sonntagen und gesetzlich anerkannten Festtagen.[9]) Die Controle über die Ausführung des Gesetzes übernehmen 15 Betriebsinspectoren.[10])

In Oesterreich wurde den Frauen erst durch das Gesetz vom 8. März 1885 und den zugehörigen Verordnungen einiger Schutz zu Theil. Dies Gesetz ertheilt dem Ministerium die Ermächtigung, diejenigen gewerblichen Verrichtungen, welche sich als dem weiblichen Organismus gefährlich oder gesundheitsschädlich erweisen, zu verbieten oder von Bedingungen abhängig zu machen[11]), begrenzt die tägliche Arbeitszeit auf 11 Stunden[12]) (aus-

---

1) a. a. O. Art. 1. 2) Art. 2. 3) Art. 15. 4) Art. 11. 5) Art. 15. 6) Art. 18. 7) a. a. O. Art. 7. 8) Art. 4, doch kann dieses Verbot unter gewissen Verhältnissen zeitweilig aufgehoben werden. 9) Art. 5. 10) Art. 16. 11) a. a. O. § 94. 12) § 96 a.

genommen die in der Verordnung vom 27. Mai 1885, Reichsgesetzblatt Nr. 85, aufgeführten Industrien) und verbietet die Sonntagsarbeit[1]), Nachtarbeit[2]) und für Wöchnerinnen die Arbeit vier Wochen nach ihrer Niederkunft.[3]) Doch sind bezüglich der Sonntags- und Nachtarbeit weitgehende Ausnahmen gestattet.[4]) Die Ausführung des Gesetzes überwacht ein Centralgewerbeinspector und 12 Gewerbeinspectoren.[5])

Bezüglich der Gesetzgebung der Vereinigten Staaten von Nordamerika ist zu beachten, daß „die Competenz der Unionsgesetzgebung sich nur auf die eigenen Arbeiter der Union erstreckt"[6]) und eine Regelung der Verhältnisse der Einzelstaaten durch diese selbständig erfolgt. „Eine Unionsgesetzgebung zum Schutze ihrer Arbeiter hat bisher nur bezüglich der Arbeitszeit derselben stattgefunden"[7]), und zwar in der Weise, daß die Bundesregierung durch das Gesetz von 1868 das Achtstundensystem für alle Werkstätten der Unionsregierung einführte.[8]) — Von den Einzelstaaten hat die Mehrzahl, die eigentlichen Agrikulturstaaten, keine Arbeiterschutzgesetzgebung und die wenigen Staaten, welche eine solche besitzen, befinden sich noch durchaus in dem Anfangsstadium derselben.[9]) „Schutzbestimmungen bezüglich der Frauenarbeit im Besonderen[10]) ... finden sich bisher nur vereinzelt"[11]), und zwar nur in den fünf Staaten Massachusetts, Pennsylvania, Ohio, Minnesota und Wisconsin. Dieselben beziehen sich auf die Arbeitszeit, und zwar ist die gesetzliche Arbeitszeit in Wisconsin auf 8 Stunden, in den vier anderen auf 10 Stunden festgesetzt und eine Ueberschreitung derselben Seitens der Arbeitgeber mit Strafe bis zu 100 Dollars bedroht.[12]) Nur in Massachusetts und Pennsylvania ist in wenigen bestimmten Fällen eine Ausnahme zugelassen, doch darf die Arbeitszeit 60 Stunden in der Woche nicht überschreiten.[13]) Der dem ersteren Staate vom Bureau für Arbeitsstatistik im Jahre 1875 vorgelegte Report[14]) und Gesetzentwurf, welcher ein Verbot der Beschäftigung von Frauen während zwei Monaten nach ihrer Niederkunft aussprach und nach dieser Zeit auch nur auf Grund eines ärztlichen Zeugnisses die Wiederaufnahme der Arbeit gestattet wissen wollte, wurde von der Gesetzgebung nicht acceptirt.[15]) Die Gesetzgebungen über die Sicherheits- und Gesundheitsmaßregeln berücksichtigen den weiblichen Arbeiter überhaupt nicht.[16]) Das Institut der Fabrikinspectoren wurde in Massachusetts, dem Staate mit der entwickeltsten socialen Gesetzgebung, überhaupt erst 1877 geschaffen.[17])

In Schweden beschränkt sich der gesetzliche Schutz weiblicher Arbeiter auf das Verbot der Beschäftigung junger Leute weiblichen Geschlechts (d. h. zwischen 14 und 18 Jahren)[18]) unter Tage.[19])

---

1) § 75. 2) § 69 b. 3) § 94. 4) Verordnung vom 27. Mai 1885, Reichsgesetzblatt Nr. 86 und Nr. 83. 5) Gesetz vom 11. Juli 1883 und Verordnung vom 18. Januar 1885. 6) Cave Tait, Die Arbeiterschutzgesetzgebung in den Vereinigten Staaten. Tübingen 1884. S. 30. 7) a. a. O. S. 30. 8) S. 32. 9) S. 58. 10) Der Verfasser fügt hier zwar noch hinzu „und zum Zwecke der Verhinderung der gesundheits- und lebensgefährlichen Arbeit," doch führt er in seinen Angaben keine dergleichen Schutzbestimmung auf. 11) S. 59. 12) S. 119 und 117. 13) S. 113 und 117. 14) Chap. 62, Resolves of 1874. 15) S. 114. 16) S. 131 ff. 17) S. 134. 18) Gesetz vom 18. Nov. 1881, § 3. 19) a. a. O. § 9.

In Rußland ist seit dem 10. October 1885 den Frauen die Nachtarbeit in Baumwoll- und Wollspinnereien und in Webereien untersagt. Dagegen das dänische Gesetz vom 7. April 1876 von „der öffentlichen Ruhe („Frieden") an den Sonn- und Feiertagen der Volkskirche" hat nur ein religiöses Motiv und hat nicht die Aufgabe, einen Beitrag zu der Arbeiterschutzgesetzgebung zu liefern.[1])

In den übrigen außerdeutschen souveränen politischen Gemeinwesen findet sich bis heute überhaupt noch keine Arbeiterschutzgesetzgebung. Und zwar, sofern überhaupt ihre Industrie von einiger Bedeutung ist, infolge der Manchesteransichten der maßgebenden Kreise. Erklärte doch der Finanzminister Belgiens, Frère Orban, eine Beschränkung der Frauen- und Kinderarbeit in den Kohlengruben „für eine Form der Knechtschaft und nichts anderes. Wenn diese Reglementirung der Arbeit unbeschränkt ist, so ist das Sklaverei; wenn sie nur theilweise besteht, so ist das Unfreiheit und Dienstbarkeit... Die Freiheit der Arbeit ist das geheiligtste, das unverjährbarste Eigenthum." Und ebenso hatte gegenüber dem erdrückenden Thatsachenmateriale, das eine medicinische Untersuchungscommission über die physische Wirkung der Arbeit in den Kohlengruben auf Mädchen und Frauen zu Tage gefördert hatte, der Minister des Innern die Stirn, zu erklären: es läge nur vor „beaucoup de théorie, mais de faits point".[2]) Auch in Italien ist das Fehlen einer Arbeitergesetzgebung „der vorwiegend liberalen und jeder Beschränkung abholden Tradition des Landes"[3]) zuzuschreiben. Doch hat man in dem Senate und in der Abgeordnetenkammer dieses Landes schon anerkannt, daß das am 31. Januar 1884 vom Handelsminister Berti dem Senate vorgelegte und am Anfange des Jahres 1886 vom Senate und der Abgeordnetenkammer angenommene Gesetz zu Regelung der Kinderarbeit in Fabriken und Bergwerken „nur ein erster Schritt sei, dem andere folgen werden, speciell nach der Richtung hin, die Frauenarbeit in dem Gewerbebetriebe zu reguliren."[4]) Ebenso darf man in dem die Kinderarbeit regelnden Gesetz der Niederlande vom 19. September 1874 vielleicht doch einen Vorläufer kommender Gesetze auch der Frauenarbeit erblicken. Dasselbe gilt infolge seines neuerdings erschienenen Gesetzes betreffend Einschränkung der Kinderarbeit auch von Spanien.

Dagegen in Portugal, der Türkei und Griechenland ist noch nicht der geringste Schritt auf dem Boden der socialen Gesetzgebung gethan und jedenfalls auch noch nicht nöthig gewesen infolge des geringen Umfanges der Industrie in diesen Ländern.

In Deutschland datiren die frühesten Anfänge einer staatlichen Intervention zu Gunsten der in der Industrie beschäftigten erwachsenen Arbeiter seit der Verordnung vom 9. Februar 1849, betreffend die Errichtung von

---

1) Conrad's Jahrbücher, N. F., Bd. 16, S. 142.
2) Herkner, Die belgische Arbeiterenquête und ihre socialpolitischen Resultate. Archiv für sociale Gesetzgebung und Statistik. Herausgegeben von H. Braun, Tübingen, Bd. 1, S. 264.
3) Bonaldo Stringer, Ueber italienische Arbeitergesetzgebung. Zeitschrift für die gesammte Staatswissenschaft, Jahrgang 1887, S. 264.
4) a. a. O. S. 266.

Gewerberäthen, welche aussprach, daß zum Arbeiten an Sonn- und Festtagen niemand verpflichtet sei, vorbehaltlich der anderweitigen Vereinbarung in Dringlichkeitsfällen, und welche das Trucksystem verbot.

Einen weiteren Fortschritt auf diesem Wege versuchten 1869 im Reichstage des Norddeutschen Bundes der deutschconservative Abgeordnete v. Brauchitsch und die Socialdemokraten Fritsche, Hasenclever und Schweitzer, insofern sie dem ersteren den Antrag eines strikten Verbotes der Arbeit in gewerblichen Anlagen, bezw. der regelmäßigen Lohnarbeit an Sonn- und Festtagen unterbreiteten.[1]) Doch wurden diese Anträge mangels einer eingehenden Kenntniß der Fabrikationsweise in den verschiedenen Zweigen der Industrie abgelehnt. Ueberhaupt haben sich die Bestrebungen und Anträge zum Schutze der Arbeiter eine Reihe von Jahren fast ausschließlich in der Richtung einer Regelung der Arbeitszeit bewegt.

Nach der Wiedererstehung des Deutschen Reiches wurden diese Bestrebungen von Neuem eingeleitet durch den Antrag des Domkapitulars Moufang in Mainz 1871, dessen sämmtliche auf dieses Ziel gerichtete Anträge eine stark socialdemokratische Färbung zeigen (Beschränkung der „Kapitalherrschaft", Feststellung des Arbeitslohnes in „befriedigender Weise" ꝛc.).[2]) Die im nächsten Jahre von der christlich-socialen Partei durch die Pastoren Duistorp und Genossen und Mühe und Genossen eingebrachten Anträge in derselben Richtung, die aber dem deutschen Reichstage zum ersten Male positive Vorschläge unterbreiteten (striktes Verbot jeder Arbeit während der Sonn- und Feiertage nach englischem Muster, der Nachtarbeit und der Arbeit am Sonnabend und an den Vorabenden der fünf hohen Feiertage nach 6, resp. 5 Uhr, elfstündigen Maximalarbeitstag und als Controlorgane Fabrikinspectoren[3]), hatten den Erfolg, daß der Reichstag durch Beschluß vom 30. April 1873, vom Bundesrathe genehmigt am 31. Januar 1874, den Reichskanzler ersuchte „um die Vornahme derjenigen Erhebungen, welche für die Beurtheilung der Angemessenheit und Nothwendigkeit eines gesetzlichen Schutzes der in Fabriken beschäftigten Frauen und Minderjährigen gegen übermäßige Beschäftigung an den Werktagen erforderlich seien".[4]) Durch die infolge dieses Beschlusses angestellten Erhebungen wurde die Thatsache constatirt und dem Reichstage unterbreitet, daß regelmäßige Sonntagsarbeit nur in Gewerbszweigen mit ununterbrochenem Betriebe üblich sei. Die Centrumspartei, der natürlich sehr daran gelegen sein mußte, die Sympathien der industriellen Bevölkerung für den Staat infolge der von diesem in die Hand genommenen Socialreform von diesem ab und auf sich zu ziehen, wählte hierzu von nun an das sehr kluge und billige Mittel, wieder und

---

1) Soetbeer, Die Sonntagsarbeit im Deutschen Reiche. Conrad's Jahrbücher, N. F., Bd. 17, S. 249.
2) Lohren, Entwurf eines Fabrik- und Werkstättengesetzes, S. 4. 1877.
3) Lohren, a. a. O. S. 6 ff.
4) Soetbeer, a. a. O. S. 249 ff. Der Kaplan Hitze freilich suchte in seiner Zeitschrift „Arbeiterwohl" das ganze Verdienst, den Anstoß zu der gesetzlichen Regelung der Arbeiterverhältnisse gegeben zu haben, lediglich seinem Glaubens- und Parteigenossen Grafen Galen zuzuschieben, zumal er ja auf den halb-socialdemokratischen Antrag Moufang aus begreiflichen politischen Gründen nicht recurriren darf.

immer wieder vom Staate „Regelungen" zu verlangen, natürlich ohne daß sie jemals positive Vorschläge zum Zwecke jener „Regelungen" selbst machte oder auch nur machen konnte. So stellte sie auch jetzt durch Graf Galen den Antrag auf „Vervollständigung der Erhebungen in Bezug auf die Sonntagsfrage", „wirksamen Schutz des religiös-sittlichen Lebens der gesammten arbeitenden Bevölkerung (Sonntagsruhe)" und „Erweiterung der gesetzlichen Bestimmungen zum Schutze der in Fabriken arbeitenden Personen", sowie den „Schutz der Familie durch Beschränkung der Frauenarbeit in Fabriken". Aber die Maßnahmen zur Herbeiführung dieser Zustände überließ sie klüglich dem Staate. Gleichwohl hatte die Regierung die Nothwendigkeit einer Verschärfung der Bestimmungen über die Sonntagsruhe schon lange erkannt, allein, wie auch der Staatsminister Hofmann in der Antwort auf den Antrag Galen betonte [1]), in gerechter Würdigung der Schwierigkeiten, welche sich einer rationellen Regelung widersetzten, ein maßvolles, umsichtiges Vorgehen sich zum Principe gemacht. Gestützt auf die Resultate obiger Enquête des Reichskanzleramtes that nunmehr die Gesetzgebung des Deutschen Reiches den ersten Schritt auf dem Boden der socialen Reform durch folgende Maßnahmen vom 18. Juli 1878:

1) Einführung des bisher sich in Deutschland nur vereinzelt findenden Fabrikinspectorats von Reichs wegen mit den amtlichen Functionen der Ortspolizeibehörden [2]);

2) die Verpflichtung der Gewerbeunternehmer zur Herstellung derjenigen Einrichtungen, „welche mit Rücksicht auf die besondere Beschaffenheit des Gewerbebetriebes und der Betriebsstätte zu thunlichster Sicherheit gegen Gefahr für Leben und Gesundheit nothwendig sind" [3]);

3) das Verbot der Beschäftigung von Wöchnerinnen während drei Wochen nach ihrer Niederkunft [4]);

4) das Verbot der Beschäftigung von Frauen in Bergwerken, Salinen, Aufbereitungsanstalten und unterirdisch betriebenen Brüchen oder Gruben [5]), endlich

5) die Ermächtigung des Bundesrathes, für gewisse Fabrikationszweige die Nachtarbeit der Arbeiterinnen und die Verwendung von jugendlichen Arbeitern, sowie von Arbeiterinnen für Fabrikationszweige, welche mit besonderen Gefahren für Gesundheit oder Sittlichkeit verbunden sind, gänzlich zu untersagen oder von besonderen Bedingungen abhängig zu machen.[6])

Infolge dieser Ermächtigung erließ der Bundesrath schon im nächsten Jahre ein Verbot der Beschäftigung von Arbeiterinnen in Glashütten, in welchen vor dem Ofen gearbeitet wird [7]), in Walz- und Hammerwerken bei dem unmittelbaren Betriebe dieser Werke [8]), und ergänzte diese Maßnahmen

---

1) Soetbeer, a. a. O. S. 260.
2) Gew.-Nov. von 1878, jetzt § 139 b der Gewerbeordnung.
3) Gewerbeordnung § 120, Reichsgesetzblatt 1878, S. 203.
4) Gewerbeordnung § 135, Reichsgesetzblatt 1878, S. 207.
5) Gewerbeordnung § 154, Reichsgesetzblatt 1878, S. 212.
6) Gewerbeordnung § 139 a, Reichsgesetzblatt 1878, S. 209.
7) Verordnung vom 23. April 1879, betr. Glashütten.
8) Verordnung vom 23. April 1879, betr. Walz- und Hammerwerke.

1886 und 1888 durch das Verbot weiblicher Arbeit in Drahtziehereien mit Wasserbetrieb¹), sowie dadurch, daß er die Beschäftigung von Arbeiterinnen in Anlagen, welche zur Herstellung von Bleifarben oder Bleizucker dienen, und in solchen, welche zur Anfertigung von Cigarren bestimmt sind, nur unter gewissen Beschränkungen gestattete.²) Ferner brachten noch in demselben Jahre 1878 die Regierungen den Gesetzentwurf ein, welcher dem § 105 die gegenwärtige Fassung gab: „Zum Arbeiten an Sonn- und Feiertagen können die Gewerbetreibenden die Arbeiter nicht verpflichten. Arbeiten, welche nach der Natur des Gewerbebetriebes einen Aufschub oder eine Unterbrechung nicht gestatten, fallen unter die vorstehende Bestimmung nicht."³) Diese der Complicirtheit der internationalen Productionsverhältnisse Rechnung tragende Vorschrift genügte natürlich den ultramontanen Politikern noch nicht, vielmehr interpellirte am 11. December 1881 Freiherr v. Hertling die Regierungen über ihre Stellung zu der Frage einer weiteren Ausbildung der bestehenden Fabrikgesetzgebung insbesondere in der Richtung auf Sonntagsarbeit, Einschränkung der Frauenarbeit und Verhinderung einer übermäßigen Arbeitszeit für erwachsene männliche Arbeiter. Die Antwort hierauf erhielt die ultramontane Partei durch den Reichskanzler am 9. Januar 1882, welcher gegenüber den ultramontanen „Forderungen" die gänzliche Unvoraussehbarkeit der wirthschaftlichen Folgen dieser in das Erwerbsleben besonders der Arbeiter tief einschneidenden Maßregel betonte und den durch diese Arbeitsbeschränkung zweifellos erstehenden Ausfall in dem ohnedies geringen Einkommen der arbeitenden Bevölkerung hervorhob. — Eine bedeutsame Förderung dieser Frage brachte die Reichstagssession 1884/85. Abgesehen davon, daß natürlich wiederum die Ultramontanen allgemeine „Regelungen" und Einschränkungen verlangten⁴), unterbreiteten Ackermann und Genossen (deutsch-conservative Partei) und Grillenberger und Bebel (Socialdemokraten) dem Reichstage formulirte Entwürfe zu einer die Sonntagsarbeit allgemein beschränkenden Abänderung der Gewerbeordnung. Ebenso legten Lohren (deutsche Reichspartei) und Kropatschek und Genossen (deutschconservativ) zwei Gesetzentwürfe vor, welche das Verbot der Beschäftigung weiblicher Personen, bezw. verheiratheter Frauen, an Sonn- und Festtagen in Fabriken und (Kropatschek und Genossen) für verheirathete Frauen an Samstagen und

---

1) Bekanntmachung vom 3. Februar 1886, Reichsgesetzblatt S. 24.
2) Bekanntmachung vom 12. April 1886 und 9. Mai 1888.
3) All diese Maßnahmen, die Grundlagen unserer ganzen späteren Gesetzgebung, verschweigt Herr Kaplan Hitze (Bedeutung und Aufgaben der Arbeiterschutzgesetzgebung), ebenso wie die ganze letztere, sehr klüglich. Nach seiner Darstellung hat seit dem erwähnten an sich bedeutungslosen Anträge Galen bis zu dem ebenso untergeordneten Anträge Hertling, also von 1877—1882, Reichstag und Gesetzgebung sich überhaupt nicht mit dem Arbeiterschutz beschäftigt.
4) Allerdings diesmal gemäß dem Stande der Frage mit präciseren Forderungen, die aber ebenfalls von dem Standpunkte ausgingen, den Windthorst als den des Centrums öffentlich bezeichnet hatte: „Die Sonntagsbeiligung sei ein göttliches Gebot, und man habe gar nicht zu untersuchen, welche Folgen seine Beobachtung nach sich ziehe." Ausführliches über diese Anträge s. Hitze, a. a. O. S. 171—175. S. dort auch die gehässige Darstellung der die wirthschaftliche Seite dieser Frage betonenden Rede des Reichskanzlers.

den Vorabenden von Festtagen drei Stunden vor Schluß der Arbeitszeit forderten.¹) Während der Berathung dieser Anträge in 19 Commissionssitzungen stellten Buhl und Genossen (nationalliberale Partei) im Plenum des Reichstages den Antrag: „Der Reichstag möge die verbündeten Regierungen um die Anordnung von Erhebungen unter anderem darüber ersuchen, ob und in welchem Umfange die Beschäftigung von Arbeitern an Sonn- und Festtagen in gewerblichen und Handelsbetrieben verboten werden könne." Dieser Antrag fand die lebhafteste Unterstützung Seitens des Reichskanzlers, welcher von der Erklärung der Arbeiter, ob sie den Lohnausfall tragen und dankbar sein würden für das Verbot der Sonntagsarbeit, seine Unterstützung der die Sonntagsarbeit einschränkenden Gesetzesvorschläge abhängig machen wollte. ²) Da bald nach dieser Session der Reichstag auseinanderging, ohne den Kanzler zur Vornahme dieser Enquête ersucht zu haben, setzte dieser sie aus freien Stücken ins Werk. Gleichwohl legten, ohne das Ergebniß dieser Untersuchungen abzuwarten, im November 1885 Auer und Genossen (Socialdemokraten) dem Reichstage einen mit einer gewissen Sorgfalt ausgearbeiteten Gesetzentwurf vor, welcher außer einer Modification der früheren Anträge noch die Resolution enthielt, der Kanzler möge behufs Verständigung über die Grundzüge einer auf gleichen Grundsätzen basirten Arbeiterschutzgesetzgebung eine Einladung zu einer Conferenz an die sämmtlichen Industriestaaten ergehen lassen, sowie die Veranlassung geben zu statistischen Erhebungen über die Höhe der Arbeitslöhne. Diese Anträge waren natürlich viel zu sehr verfrüht, da noch nicht einmal die Regelungen der Arbeitszeit, soweit sie ohne Rücksicht auf die Concurrenz des Auslandes den Industrien auferlegt werden konnten, weder ihrem Umfange nach festgestellt, noch praktisch durchgeführt worden waren. Da aber andererseits auch die diesen Maßstab gewährenden Ergebnisse der vom Reichskanzler ins Werk gesetzten und in ihren Resultaten dem Reichstage am 19. April zugegangenen Enquête keine Beschlußfassung des Reichstages über die Einschränkung der Arbeitszeit brachten, wiederholten Lieber, Hitze (Centrum) und Lohren ihre Anträge, als deren Folge der Reichstagsbeschluß vom 17. Juni 1887 anzusehen ist, welcher bestimmt, daß Arbeiterinnen und Kinder an Sonnabenden und Vorabenden von Festtagen Nachmittags nach 6 Uhr, und vom 1. April 1890 ab Arbeiterinnen an Sonn- und Festtagen überhaupt nicht beschäftigt werden dürfen.

Daß der Bundesrath diesen generellen Regelungsversuch, welcher die zu ordnenden Verhältnisse übers Knie brechen wollte, nicht sanctionirt hat, ist nicht zu bedauern. Das casuistische Verfahren in der wirthschaftlichen Gesetzgebung, wie es England zum Wohle seiner Industrien von jeher angewandt hat, scheint sich eben auch der Bundesrath, und nicht zum Schaden der deutschen Industrien, zum Principe gemacht zu haben. Dieser Stand-

---

1) Hitze verfehlt nicht, den wesenlosen Antrag Hertling als ideelle Ursache dieser Anträge zu bezeichnen: „Unzweifelhaft aus Anlaß dieses (d. i. Hertling's) Antrages traten dann auch die Abgeordneten Lohren und Kropatschek... mit selbständigen Anträgen hervor." S. Hitze, a. a. O. S. 170.
2) Windthorst freilich bezeichnet diesen Standpunkt als einen „rein materialistischen".

punkt ist öffentlich als der des Bundesrathes anerkannt worden auch vom Staatsminister v. Bötticher in seiner oblge Anträge bekämpfenden Rede vom 23. Januar 1889, in der er, wie bei den früheren Anläßen der Reichskanzler, als einzige Ursache für das langsame Fortschreiten der die Arbeitszeit regelnden Gesetzgebung die Ungewißheit bezeichnete darüber, ob der Ausfall des Verdienstes am Sonntag ꝛc. durch die wohlthätigen Folgen der Ruhe von der Arbeit paralyſirt werde.

Ist daher die deutsche Gesetzgebung bezüglich der Regelung der Arbeitszeit auch noch zu keinem endlichen Resultate gekommen, so ist dies doch im Interesse einer rationellen Regelung nicht zu bedauern, zumal ja nach den Berichten der Fabrikinspectoren die Nachtarbeit eine stetige Abnahme zeigt. Behält der Bundesrath gegenüber den sich überstürzenden generellen Verbesserungsanträgen seine ruhige, kühl abwägende Haltung bei, so muß bei dem allgemeinen Interesse dieser Fragen über kurz oder lang doch eine die Verhältnisse der Industrie und zumal der arbeitenden Klaſſen beſſer berückſichtigende Gesetzgebung geſchaffen werden. Die Verſäumniſſe von Jahrzehnten laſſen ſich ungeſtraft eben nicht in einigen Jahren nachholen.

Die geſetzlichen Vorſchriften zum Schutze der Arbeiter beiderlei Geſchlechts gegen die aus der Arbeitsart entſtehenden phyſiſchen und ſittlichen Gefahren ſind infolge des Geſetzes von 1878 faſt vollkommen ausreichende.[1]) Daſſelbe gilt von allen Gefahren, denen die arbeitende Bevölkerung durch ihre Abhängigkeit vom Arbeitgeber ausgeſetzt iſt.

Es können hier nur in einem Punkte Ausſtellungen gemacht werden, und zwar recht baldige Abhülfe fordernde Ausſtellungen, nämlich bezüglich der viel zu geringen Anzahl der die Ausführung der Geſetzesvorſchriften controlirenden Beamten, der Fabrikinſpectoren. Der Verfaſſer, der ſelbſt mitten im induſtriellen Leben ſteht, kann aus eigener Erfahrung verſichern, daß hier noch recht viel gethan werden kann und muß in der Richtung auf eine Vermehrung und einheitliche Organiſation dieſes Beamtenkörpers. Auch hier mag uns England als Beiſpiel dienen!

Ob freilich durch die Geſetzgebung auch eine allſeitig befriedigende Regelung der Wohnungsfrage herbeigeführt werden kann, ſteht ſehr dahin. Eine ſolche Regelung würde wohl nur hinauslaufen können auf eine geſetzliche Verpflichtung der Unternehmer für die von ihnen beſchäftigten Arbeiter und Arbeiterinnen, die in hygieniſcher und ſittlicher Hinſicht erforderlichen Wohnungen zu beſchaffen. Wollte man die Einrichtung von dergleichen Arbeiterwohnungen gemeinnützigen Geſellſchaften überlaſſen, wie dies von mehreren Seiten empfohlen iſt, ſo würde dem ſo weitgehenden Bedürfniſſe wohl in keiner Weiſe entſprochen werden. Andererſeits müßte aber auch wegen der rein lokalen Bedeutung der Wohnungsfrage eine hierauf bezügliche Geſetzgebung ſich darauf beſchränken, nur allgemeine Beſtimmungen feſtzuſetzen und den Gemeinden ſpecielle Vorkehrungen überlaſſen.[2])

---

[1]) Das Bedürfniß nach einer die Subjectivität der Wöchnerinnen mehr berückſichtigenden geſetzlichen Beſtimmung bezüglich der Wiederaufnahme der Arbeit nach der Niederkunft, ſowie nach Ausdehnung der geſetzlichen Vorſchriften auf die Hausinduſtrie iſt ſchon erwähnt worden.

[2]) S. darüber auch Frankenſtein, Die Lage ꝛc., S. 82 ff.

Nur das Schlafstellenwesen gestattet eine gesetzliche Regelung dergestalt, daß „die Schlafstellen der gewerblichen Beaufsichtigung ebenso unterliegen, wie die Fabriken, und nur solchen Personen die Erlaubniß zum Vermiethen von Schlafstellen ertheilt wird, welche einerseits in moralischer Hinsicht die nöthigen Garantien bieten, andererseits über geeignete Wohn= resp. Schlaf= räume verfügen."[1]) Die Hauptschwierigkeit, welche der Einführung dieser Maßregel entgegenstehen würde, wäre gewiß zu suchen in der Auffindung der Grenze, von der ab das Vermiethergewerbe concessionspflichtig sein würde. Andererseits würde diese Maßregel in ihren heilsamen Folgen ebenso sehr zur sittlichen Hebung der Vermietherklasse wie zur Wahrung der Arbeiterinnen beitragen.

Was endlich die Frage nach einer Erhöhung des Lohnes anlangt, so ist sie ja gerade der Ausgangspunkt der verschiedenen socialpolitischen Parteien und ihre Lösung recht eigentlich die Lösung der gesammten großen „Arbeiterfrage". Eine gesetzgeberische Behandlung erfuhr sie naturgemäß erst, nachdem der erste Rausch der Manchestertheorie verraucht war und man überhaupt erst eine Be= einflussung des wirthschaftlichen Lebens durch den Staat als zulässig wieder anerkannte. Daß nun auf die Herrschaft des Individualismus sofort die des krassesten, fast communistisch gefärbten Socialismus trat, ist bei der rein theoretischen und principiellen Behandlung, welche in den ersten Jahren des jungen Deutschen Reiches alle Fragen der Gesetzgebung beherrschte, nicht zu verwundern. Der erste Vertreter dieser Anschauungen im Reichstage war das Centrum, dessen Vorkämpfer Domkapitular M o u f a n g in Mainz 1871 für die Arbeit eine vierfache Staatshülfe verlangte, und zwar:

1) Beschränkung der Kapitalherrschaft (sic!);
2) Geldunterstützung, b. h. „der Staat soll ebenso wie die Unterneh= mungen der Reichen (sic!) auch diejenigen der Arbeiter durch Productiv= Associationen, Ankauf von Maschinen rc. mit Geld unterstützen";
3) Minderung der Steuer= und Militärlast;
4) Schutz durch eine verschärfte Arbeitsgesetzgebung, und zwar in die= ser Hinsicht:
   a. gesetzliche Sanctionirung der von den Arbeitern aufzustellenden Ver= einsstatuten, Associationsregeln und Arbeitsordnungen,
   b. gesetzliche Regelung der Arbeitszeit und
   c. Feststellung des Arbeitslohnes in „befriedigender Weise".[2])

Diese an sich undurchführbaren Forderungen bedeuteten gleichwohl einen Fortschritt gegenüber dem laissez aller der vorangegangenen Periode. Im Verlaufe der Abklärung der diesen Anträgen zu Grunde liegenden An= schauungen zeigten sich bald zwei Mittel geeignet zur wirthschaftlichen und sittlichen Hebung der arbeitenden Klassen[3]): Einmal die von S ch u l z e =

---
  1) F r a n k e n st e i n, a. a. O.
  2) S. L o h r e n, Entwurf rc., S. 4.
  3) Für die daneben noch anführbaren und angeführten Mittel, „Hülfe der Ge= sellschaft" und „Gewerbvereine", kann der Verfasser sich nicht erwärmen.
  Unter der ersteren Bezeichnung kann man ja doch nur verstehen die Hülfe, welche ausgeht von Einzelnen oder von Gruppen Einzelner aus der Gesellschaft. Diese

Delitzsch ins Leben gerufenen Genossenschaften, deren Idee aber noch an der Vorstellung eines zwischen den verschiedenen Gesellschafts- und Erwerbsklassen bestehenden feindlichen Gegensatzes festhält.

Zweitens die Mitwirkung des Staates zur Beseitigung von Gefahren, welche dem Arbeiter aus Krankheit, Alter und anderen mehr oder minder gewiß eintretenden und dann den Arbeiter seines regelmäßigen Verdienstes beraubenden Erscheinungen erstehen. Diese staatliche Mitwirkung hat nichts weniger zur Absicht, als eine directe Steigerung des Arbeitereinkommens. Wollte sie dies, so würden sich bald Folgen wie die der allowance in England zeigen. Sie beseitigt vielmehr die Gefahren, an deren Unschädlichmachung der Arbeiter früher überhaupt nicht dachte. Die Hülfe des Staates dient also hier zur Befriedigung eines weder früher dagewesenen, noch auch jetzt von jungen und gesunden Personen empfundenen Bedürfnisses, das sich dem Arbeiter erst im Alters= resp. Krankheits= 2c. Falle als solches erweist.

Dieser von der deutschen Gesetzgebung eingeschlagene Weg, welcher das Ziel verfolgt, mittels der Hülfe der Gesellschaft resp. ihres Organes, des Staates, die Realisirung der in der Lohnfrage aufgestellten sittlichen Forderungen herbeizuführen, ist unstreitig ein bedeutender sittlicher Fortschritt gegenüber den Schulze=Delitzsch'schen Genossenschaften. Der erste Schritt hierzu, die Zwangsversicherungen in ihren verschiedenen Formen der Kranken=, Unfall=, Alters= und Invaliditätsversicherung, legt dem aus den Leistungen des Arbeiters den Hauptnutzen ziehenden Arbeitgeber eine noch weitergehende Verpflichtung gegenüber auf, als dies schon vorher durch das Haftpflichtgesetz geschehen ist, und anerkennt durch Begründung einer Beitragspflicht des Staates zur Deckung der Prämien auch eine Verpflichtung der Gesellschaft zur Hebung des vierten Standes. Zugleich aber benimmt das Gesetz dieser Unterstützung den Charakter des Almosens an den Arbeiter dadurch, daß es einen verhältnißmäßigen geringen Theil des Einkommens des Arbeiters zur Completirung der Prämie von vornherein in Anspruch nimmt.

Es ist dies neben der allgemeinen Arbeiterschutzgesetzgebung, wie gesagt, der erste bedeutsame Schritt auf das zeitgemäße sociale Ziel hin. Viele werden ihm noch folgen müssen, ehe ein zufriedenstellender Zustand herbeigeführt ist. Denn obige Maßregeln lindern wohl die plötzlich ein-

---

„Hülfe" behält aber einmal stets den Charakter des Almosens, und der Arbeiter braucht und wird sich nicht zum Entgelt für seine Leistung mit Almosen abspeisen lassen. Fernerhin kann aber auch durch diese freiwillige Hülfe wegen ihres geringen Umfanges niemals eine irgendwie genügende und gleichmäßige Hebung des Arbeiterstandes herbeigeführt werden.

Und was die Gewerkvereine anlangt, so haben sie sich ja in England und Amerika zu hoher Blüte entwickelt und haben dort bedeutenden Einfluß erlangt. Auf deutschem Boden jedoch scheinen sie nicht gedeihen zu können, sei es, weil sie von Anfang an in socialdemokratisches Fahrwasser geriethen und deshalb der Staatsanwaltschaft verfielen, oder sei es, weil immerhin noch ein großer Theil der deutschen Arbeiter sich noch ein gewisses Gefühl der Solidarität, der Zugehörigkeit zu dem Unternehmen ihres Arbeitgebers gewahrt hat und sich diese Arbeiter schwer mit dem Gedanken vertraut machen können, in ihnen ihre gesellschaftlichen Gegner zu erblicken.

getretene Noth, vermögen aber nicht, das chronische Elend, das sich aus der dominirenden Stellung des Kapitalbesitzes gegenüber der Arbeit herschreibt, zu beschränken. Nur durch immer weiter gehende sociale Maßnahmen kann auch in dieser Richtung Wandel geschaffen werden. Eine zu diesem Zwecke bezüglich speciell der Frauenarbeit von Frankenstein (S. 28 ff.) als wünschenswerth hingestellte Einschränkung der gewerblichen Frauenarbeit der höheren Stände, deren Erträgnisse nur zur Befriedigung des Luxusbedürfnisses bestimmt sind, ist beispielshalber nur dann möglich, wenn dem Staate die Befugniß eines strikten Verbotes derselben, also ein weit größerer Eingriff in das Erwerbsleben der Gesellschaft zugestanden ist, als dies heutzutage geschieht.

Mag man Seitens der Besitzer der Productivkapitalien dieser vom Staate zu Recht erkannten gesellschaftlichen Entwickelung aus begreiflichen Gründen nicht besonders günstig gegenüberstehen, so wird man sie doch nicht aufhalten können. Ihre Anfänge wurzeln tiefer als im Erwerbsleben und gehen aus von dem zur Zeit höchsten sittlichen Principe, welche das freiwillige Aufgehen des Einzelnen in der Gesammtheit fordert. Nicht für sich soll der Einzelne thun, was er thut, sondern um dadurch das Ganze, die Nation, die Menschheit zu fördern. Der reine, von allen communistischen Schlacken befreite Socialismus ist nichts anderes, als die Uebertragung dieses Princips auf das wirthschaftliche Leben. Freilich muß die praktische Durchführung dieses Princips langsam, Schritt für Schritt erfolgen, damit der Mannigfaltigkeit des Lebens Rechnung getragen werden kann. Die Utopien der Socialdemokraten zeigen zur Genüge, wohin die Schablonisirung dieses Princips führen kann, zumal wenn es sich mit politischen Ideen verquickt. Aber jeder fernere Schritt wird leichter werden als der vorhergegangene, weil er von schon anerkannter Grundlage aus gethan wird. Die Verschiedenheit der sittlichen Bildung der Einzelnen ist kein Hinderniß. Denn mag auch das dem Arbeiter vorschwebende Zukunftsideal sittlich weniger geklärt sein, so hat er doch, wie die Erfassung socialdemokratischer Ideen beweist, eine dunkle Empfindung des von den Gebildeten klar erschauten höchsten sittlichen Princips, das er nur noch nicht klar erkennen kann und daher auf falschem Wege zu verwirklichen sucht.

Macht sich daher der deutsche Staat zum Organe dieser hohen Lehre und betreibt er mit Ernst und sorgsamer Beobachtung aller Verhältnisse ihre Realisirung, so wird manche Klage verstummen und die deutsche Nation auf dem Gebiete der inneren gesellschaftlichen Ausgestaltung den ersten Sitz im Rathe der Culturvölker einnehmen und, an Haupt und Gliedern gesund, auch den übrigen feindlichen Gewalten Trotz bieten können.

Tabelle I.

A.

In der **Landwirthschaft** ꝛc. beschäftigte weibliche Personen:

Landwirthschaft, einschließlich Zucht landwirthschaftlicher Nutzthiere	2 526 633
Kunst- und Handelsgärtnerei	4 967
Forstwirthschaft und Jagd	2 422
Fischerei	861
Zucht anderer Thiere als landwirthschaftlicher Nutzthiere	26
Summa:	2 534 909

B.

In den **Gewerben, einschließlich Bergbaues**, beschäftigte weibliche Personen:

Näherei	307 123	Ziegelei u. Thonröhrenfabrikation	6 964
Wäscherei, Plätterei, Kleiderreinigung	99 217	Polygraphische Gewerbe	6 806
		Chemische Industrie	6 408
Weberei als Fabrikbetrieb	84 654	Gewinnung von Stein- und Braunkohlen	5 919
Schneiderei	79 226		
Spinnerei als Fabrikbetrieb	62 052	Fabrikation verschiedener Nahrungs- und Genußmittel	5 699
Weberei als Hausbetrieb	54 782		
Tabakfabrikation	37 947	Hut- und Mützenmacherei, Kürschnerei	5 392
Putzmacherei	33 890		
Herstellung fertiger Kleider und Wäsche	27 815	Kamm-, Bürsten-, Stock- und Schirmfabrikation, Schnitzwaarenveredelung	4 909
Häkelei, Stickerei, Spitzenfabrik	27 577		
Strickerei und Wirkerei	26 436	Fleischerei	4 867
Bleicherei, Färberei, Druckerei und Appretur	23 971	Verfertigung eiserner Kurz- und Drahtwaaren	4 849
Spinnerei, Hechelei, Haspelei als Hausbetrieb	20 320	Badeanstalten, Haarschneider- und Perrückenmacher-Arbeit	4 212
Unbestimmte Fabrikationszweige	19 933	Glas- und Glaswaarenfabrikation und Veredelung	3 957
Verfertigung von Papier und Pappe	17 720	Hüttenbetrieb, auch Frisch- und Streckwerke	3 764
Posamentenfabrikation und Weberei	16 049	Bauunternehmung und Bauunterhaltung	3 585
Korbmacherei und sonstige Flechterei von Holz und Stroh	12 776	Erz- und Salzgewinnung, Aufbereitung von Erzen	3 409
Verfertigung von Hosenträgern, Handschuhen ꝛc.	11 122	Drechslerei ꝛc., Korkschneiderei	3 206
Bäckerei und Conditorei	9 561	Gerberei und Lederzurichtung, Wachstuch- und Ledertuch-, Gummiwaarenfabrikation	3 178
Schuhmacherei	8 520		
Buchbinderei und Kartonnagefabrikation	8 298	Getreide-, Mahl- und Schälmühlen	3 121
Zubereitung von Spinnstoffen, Gummi- und Haarflechterei, Sellerei ꝛc.	7 939	Verarbeitung unedler Metalle, außer Eisen	2 724
Thon- und Porzellanwaarenfabrikation und Veredelung	7 398	Gewinnung und Verarbeitung von forstlichen Nebenproducten, Leuchtstoffen, Fetten, Oelen, Firnissen	2 597
Verarbeitung von edlen Metallen, auch Juwelen	7 056		

— 67 —

Sattlerei und Riemerei	2 370	Kalk, Thon, Herstellung von Cement, Gyps	979
Tischlerei u. Parquetfabrikation	2 163	Branntweinbrennerei, Preßhefe-	
Verfertigung von Maschinen und verschiedenen Apparaten, sowie von Schußwaffen	1 831	fabrikation	963
		Schlosserei, Geldschrankfabrikation	812
Rübenzuckerfabrikation und Zuckerraffinerie	1 820	Ausführung v. Tapezierarbeiten	653
		Stellmacherei und Wagenbau	650
Torfgräberei und Torfbereitung	1 775	Stubenmalerei, Staffirerei, Anstreicherei, Stuccaturarbeit	620
Verfertigung von groben glatten Holzwaaren und Holzstiften	1 771	Eisengießerei, Herstellung von Schwarz- und Weißblech	597
Ausführung v. Grob-Schmiedearbeiten	1 616	Holzzurichtung u. Conservirung	584
Klempnerei, Blechwaarenfabrikation	1 604	Böttcherei	570
		Glaserei	326
Steinbruchbetrieb und Verfertigung von Steinwaaren	1 576	Zimmerei	228
		Ofensetzen und Schornsteinfegen	225
Verfertigung v. musikalischen u. mathematischen Instrumenten	1 521	Dachdeckerei	137
		Asphaltir-u. Steinsetzerarbeit x.,	
Mälzerei und Brauerei	1 404	Brunnenbau, Einrichtung von	
Verfertigung von Zeitmeßinstrumenten	1 064	Gas- und Wasseranlagen	76
		Feldmeß- und Markscheidekunst, Wiesenbau	74
Kunstgewerbe	996		
Maurerei	983	Schiffsbau	56
Gewinnung von Kies, Sand,		Summa: 1 126 996

C.

Im Handel und verwandten Berufen thätige weibliche Personen:

Waarenhandel im stehenden Betriebe	147 452	Post- und Telegraphenbetrieb	1 012
Beherbergung und Erquickung	108 200	Frachtfuhrwerk	982
Hausirhandel	21 207	Binnenschifffahrt	782
Hafen- und Lootsen- x., sowie Lohn- und Botendienst	6 400	Posthalterei-Personenfuhrwerk, Straßenbahnbetrieb	759
Handels- und Stellenvermittelung, Versteigerung, Verleihung x.	3 803	Hülfsgewerbe des Handels (Packer, Träger, Tagatoren, Marktfhelfer x.)	646
Leichenbestattung	2 547	Rhederei und Seeschifffahrt	385
Buch-, Kunst- und Musikalienhandlung	2 309	Geld- und Credithandel	244
Eisenbahnbetrieb	1 302	Versicherungsgewerbe	80
		Summa: 298 110

D.

Häusliche Dienste in fremden Haushaltungen 116 474
Lohnarbeit wechselnder Art 67 362

Summa: 183 836

E.

In freien Berufen thätige weibliche Personen:

Bildung, Erziehung, Unterricht 48 065
Krankendienst, Geburtshülfe und Gesundheitspflege, Veterinärwesen . . . 46 177
Kirchendienst, Anstalten für religiöse Zwecke 9 806
Schriftstellerei, Schreiberei, Musik und Schaustellung 6 431
Civilstaats-, Hof-, Gemeinde- x. Dienst, Rechtspflege 4 793

Summa: 115 272

Tabelle II.

In den Gewerben und der Industrie thätige weibliche Personen.

A. in Berlin:

Gewerbe für Bekleidung und Reinigung	60 570
und zwar:	
in der Kleider- und Wäsche-confection	7 928
Putzmacherei, Blumen- und Lederschmuckfabrikation	4 706
Textilindustrie	7 400
Papier- und Lederindustrie	4 122
Industrie der Nahrungs- und Genußmittel	2 122
Industrie der Holz- und Schnitz-stoffe	1 410
Metallverarbeitung	1 000
Buch- und Kunstdruck	910
Verfertigung von Maschinen	324
Gewerbe unbestimmter Art	264
Gewerbe der Leuchtstoffe ꝛc.	240
Chemische Industrie	225
Kunstbildnerei	168

B. in Breslau:

Näherei, fabrikmäßig	2770
„ hausindustriell	3374
Wäscherinnen, Plätterinnen	1781
Schneiderei, fabrikmäßig	1442
„ hausindustriell	1225
Putzmacherei	887
Weberei und Flechterei von Holz, Stroh, Bast, Binsen (ohne Korbflechterei)	547
Confection	462
Tabakfabrikation	418
Strickerei und Wirkerei als Haus-betrieb	384
Spinnerei, Hechelei, Spulerei, Zwirnerei ꝛc. als Hausbetrieb	383
Handschuh- ꝛc. Fabrikation	363
Posamentenfabrikation	304
Schuhmacherei	294
Häkelei, Stickerei, Spitzenfabri-kation als Hausbetrieb	174
Papier- und Pappefabrikation	113
Filzwaaren und Kürschnerei	68
Strickerei und Wirkerei als Fa-brikbetrieb	62
Buchdruck	51
Explosivstoffe und Zündwaaren	47
Ziegelei u. Thonröhrenfabrikation	23
Verarbeitung edler Metalle	20
Licht- und Seifenfabriken	18
Zubereitung von Spinnstoffen	12